Zone de mollières entre Noyelles-sur-Mer et Saint-Valery-sur-Somme.

Plage du Crotoy.

ITINÉRAIRES DE DÉCOUVERTES

La baie de Somme

Le cap Hornu.

TEXTE **Ludivine Fasseu** PHOTOGRAPHIES **Cyrille Struy**

Editions OUEST-FRANCE

Édifice religieux
Château
Site remarquable
Observation de phoques
Circuit du petit train de la baie
PAS-DE-CALAIS
SOMME
MANCHE
BAIE DE L'AUTHIE
BAIE DE SOMME
MARQUENTERRE
FORÊT DOMANIALE DE CRÉCY
Pointe du Haut-Blanc
Berck
Groffliers
Verton
Conchil-le-Temple
Buire-le-Sec
Pointe de la Rochelle
Pointe de Routhiauville
Nempont-St-Firmin
Maintenay
Fort-Mahon-Plage
Nampont
Abbaye de Valloires
L'Authie
Villers-sur-Authie
Quend-Plage
Quend
Vron
St-Quentin-en-Tourmont
Regnière-Écluse
Arry
Rue
Chapelle St-Esprit
Beffroi
Parc ornithologique du Marquenterre
Bernay-en-Ponthieu
Pointe de St-Quentin
Réserve naturelle de la Baie de Somme
Forest-Montiers
Le Crotoy
Favières
Feu du Hourdel
Route blanche
Pointe du Hourdel
Ponthoile
Nouvion
Forest-l'Abbaye
Phare de Cayeux
Brighton
St-Valery-sur-Somme
Cap Hornu
Remparts
Noyelles-sur-Mer
Chapelle des Marins
Cayeux-sur-Mer
Ancienne abbaye
Lanchères
Port-le-Grand
Canal maritime d'Abbeville à St-Valery
Pendé
Hâble d'Ault
Boismont
Brutelles
Saigneville
Abbeville
Phare d'Ault
Onival
Woignarue
Cambron
Beffroi
Ault
St-Vulfran
Église St-Pierre
Miannay
Château de Bagatelle
Bois de Cise
Friville-Escarbotin
Moyenneville
St-Quentin-la-Motte-Croix-au-Bailly
Mers-les-Bains
La Bresle
Le Tréport
Eu
Woincourt
Feuquières-en-Vimeu
Tœufles
La Somme
N
O
E
S
0
5
10 km

Sommaire

Introduction

La baie de Somme, pas à pas

Petite et immensément grande. C'est curieux comme cette baie si modeste en superficie peut procurer une sensation de grandeur et d'infini. Entre la pointe du Hourdel au sud et Saint-Quentin-en-Tourmont au nord, la baie de Somme ne s'étend que sur 70 kilomètres carrés. Soit à peu près la superficie de la ville de Nantes. Et pourtant. Quand je pense à la baie de Somme, je vois immédiatement de grands espaces. Ses longues plages de sable dénudées à marée basse. Colette, qui a séjourné à cinq reprises au Crotoy (de 1906 à 1910), écrivait dans les *Vrilles de la vigne* : « La mer est partie si loin qu'elle ne reviendra peut-être jamais. » C'est tellement vrai. La mer se retire parfois si loin qu'elle semble avoir disparu pour de bon. Combien de fois suis-je restée des heures à admirer ce jeu de marées sur la digue du Crotoy ou dans une petite brasserie avec vue sur la mer à Saint-Valery-sur-Somme. J'aime voir les pêcheurs à pied prendre possession des lieux quand la mer s'échappe. Chacun possède son coin de pêche favori. Et chacun sa technique. Il y a ceux munis d'un râteau qui grattent le sable délicatement à la recherche de la coque, que l'on appelle ici « hénon », et ceux chaussés de bottes et dominés d'un haveneau en quête d'une joyeuse colonie de crevettes grises.

Page de gauche
Le chenal de Saint-Valery-sur-Somme.

La route Blanche entre Cayeux-sur-Mer et Le Hourdel, réservée aux piétons et aux cyclistes.

Les moutons des prés salés devant Le Hourdel.

Je vois aussi de longues étendues de mollières (prés salés) où paissent les moutons de l'estran, où se planquent les chasseurs de gibier d'eau, où se reposent les oiseaux migrateurs, où ruminent les vaches écossaises et où randonnent les amoureux de nature sauvage. Recouvertes uniquement pendant les grandes marées, les mollières jouissent d'une faune et d'une flore incroyables. Ces zones qui assurent la transition entre le milieu marin et le milieu terrestre sont peuplées de plantes halophiles (des plantes qui vivent au contact

du sel). Quel délice dans l'assiette ! La baie de Somme est un terrain privilégié pour la cueillette. Ses vastes prairies abondent de plantes aux saveurs étonnantes comme l'armoise maritime, de la famille de l'estragon, idéale pour aromatiser un poisson ou encore l'arroche hastée, qui se distingue facilement grâce à ses jeunes feuilles recouvertes d'une poudre blanche, succulente en salade. Il faut s'avancer un peu plus vers l'estran pour tomber sur la vedette de la baie : la salicorne. Cette plante appelée passe-pierre se consomme comme un cornichon (mise en bocal dans du vinaigre), ou comme un légume en salade ou cuite (comme des haricots verts). La baie de Somme représente 90 % de la production nationale de salicorne, nos voisins hollandais en raffolent !

Ci-dessous, de haut en bas
La salicorne, surnommée « le haricot de mer ».
© CDT Somme - DM

Les mollières de Cayeux-sur-Mer.

Ci-dessus
Le petit train de la baie de Somme relie les stations de Saint-Valery-sur-Somme, Le Crotoy, Noyelles-sur-Mer et Cayeux-sur-Mer.

A droite
Belles villas balnéaires de Saint-Valery-sur-Somme.

Les cabines de plage de Cayeux-sur-Mer.

Cités de caractère

Je vois encore ce petit train du siècle dernier se faufilant à lente allure dans ce paysage verdoyant pour rejoindre les stations phares de la baie : Cayeux-sur-Mer, Saint-Valery-sur-Somme et Le Crotoy. Toutes trois reflètent l'extrême diversité de ce petit territoire. Cayeux rappelle l'époque des bains de mer avec ses centaines de cabines et le plus long chemin de planches d'Europe. Elle possède aussi la particularité d'exploiter les galets des falaises toutes proches depuis des siècles et tire d'ailleurs son nom de « caillou ». Saint-Valery nous plonge de son côté dans des temps encore plus lointains. La ville haute longée par ses remparts médiévaux abrite le quartier historique tandis que la ville basse fait encore une part belle à son passé maritime avec

ses maisons de pêcheurs. Les visiteurs oscillent entre un patrimoine remarquablement conservé et les petites boutiques installées dans les rues sinueuses et étroites. Le long du chenal, on distingue son rival de toujours : Le Crotoy. Au loin, les tourelles de l'ancienne station du parfumeur Guerlain en disent long sur l'histoire et la richesse de la cité. Si Le Crotoy a été touché par la vogue des bains de mer à la fin du XIXe siècle, ce n'est pas ce qui frappe le plus quand on entre dans la ville. Au Crotoy, ce dont on est le plus fier, c'est la pêche. Je n'en parle volontairement pas au passé même si l'ensablement de la baie de Somme a condamné depuis quelque temps déjà son port. Au Crotoy, la tradition de la pêche est encore vivace, elle se pratique principalement à pied le long de sa grande plage de sable fin, la seule exposée au sud sur le littoral de la Manche.

Enfin, si je devais soulever encore deux caractéristiques typiques de la baie de Somme, je citerais sans hésiter sa lumière changeante et ses oiseaux. Le peintre Alfred Manessier s'étonnait de cette mathématique unique de la lumière. A chaque changement de marée, la baie de Somme se pare de nouvelles couleurs. Le sable peut passer de l'or au brun en quelques heures, tout comme les parties végétalisées qui oscillent du vert sapin à l'ocre en quelques mètres seulement. Les peintres ne s'y sont pas trompés. Ils furent nombreux à immortaliser les couleurs changeantes du ciel capricieux de l'estuaire. Il n'est pas rare encore aujourd'hui de les voir installer leur chevalet sur les digues de Saint-Valery-sur-Somme et du Crotoy. Les oiseaux non plus ne s'y méprennent guère. Située le long d'un couloir migratoire, la baie de Somme abrite des réserves avifaunes exceptionnelles. On y a dénombré pas moins de trois cent soixante espèces d'oiseaux. Par son emplacement géographique et la qualité de ses biotopes, l'estuaire est le plus grand site français en nombre d'oiseaux migrateurs en route pour les contrées chaudes. Avocettes, hérons, canards, mouettes, goélands argentés viennent s'approvisionner de poissons et se reposer le long d'un séjour qui peut parfois durer plusieurs semaines.

L'hôtel des Tourelles, édifice incontournable du Crotoy.

Les oies et canards sont particulièrement nombreux en baie de Somme.
Au printemps, période de reproduction, ils revêtent leur plus beau plumage.

Nature sauvage

La baie de Somme est aussi belle que fragile. Tout comme la baie du Mont-Saint-Michel, elle subit l'ensablement. Un ensablement qui la ronge petit à petit et qui a condamné ses ports de pêche florissants du siècle dernier. Les bateaux ne peuvent plus rentrer au port, les bancs de sable barrent l'entrée de leurs pénates. Les pêcheurs de la baie sont ainsi contraints de décharger leurs marchandises au Tréport ou à Boulogne-sur-Mer. De multiples actions sont engagées par les collectivités locales pour freiner et enrayer un phénomène qui semble pourtant inéluctable.

Le Hourdel et ses bateaux échoués à marée basse.

Depuis peu, en plus de faire partie du club très sélect des plus belles baies du monde, la baie de Somme peut s'enorgueillir du label Grand Site de France. Ils ne sont que dix en France... Le label, qui a pour but de préserver et protéger les sites naturels d'exception, oblige désormais les collectivités picardes à gérer les

Cigognes du Marquenterre.

flux de visiteurs dans le respect de la nature. Un défi de taille pour une région qui attire de plus en plus de curieux.

Cette baie de Somme, je vous propose de la parcourir pas à pas. Ensemble, nous partirons d'Ault aux confins du littoral picard pour rejoindre Fort-Mahon où s'ouvre une autre baie, la baie d'Authie. D'Ault, qu'on surnomme souvent ici le « balcon de la baie », nous embrasserons une vue vertigineuse sur cet estuaire magnifique. De ses falaises, nous distinguerons Cayeux, la ville du caillou, et surtout par temps clair le Hourdel, qui voit s'ouvrir la baie. Puis, nous marcherons vers le nord et traverserons toutes les étendues évoquées ci-dessus, nous nous arrêterons dans les cités pour comprendre leur histoire et identifier ce qui a forgé leur caractère. Enfin, nous prendrons le temps de nous arrêter çà et là pour contempler cette faune et cette flore incroyables ; ne soyez pas étonné de croiser des vaches venues d'Ecosse, des oiseaux au plumage inédit ou encore des phoques se dorant la pilule sur le sable. En baie de Somme, la nature vous tend les bras et elle ne cesse d'étonner...

Ault, balcon sur la mer

N'y voyez pas un quelconque esprit de contradiction de ma part, mais j'ai choisi de commencer la découverte de la baie de Somme par le sud. Il s'agit bien d'un acte réfléchi et ceux qui ont déjà eu l'occasion de poser un pied sur la falaise d'Ault ne pourront qu'approuver ma décision.

Ault, petite commune d'à peine deux mille habitants, achève les falaises normandes. Après un long périple de 140 kilomètres, ces falaises de craie qui font le bonheur des stations touristiques de la Côte d'Albâtre terminent leur course effrénée ici en terre picarde, dans un ancien bourg de pêcheurs.

Situé à une dizaine de kilomètres de la pointe du Hourdel où s'ouvre la baie de Somme, le promontoire rocheux d'Ault délivre une vue imprenable sur l'estuaire. Il faudra prendre un peu de hauteur et parcourir un bois pas comme les autres pour atteindre le point culminant des falaises. Ce bois, c'est le bois de Cise, le seul bois naturel de chênes et de hêtres des côtes de la Manche. Il n'était que mystère avant qu'un marchand de vin bien inspiré, propriétaire des lieux, ne le transforme en station balnéaire. De somptueuses villas Belle Epoque ont été construites sur les pentes de la falaise à la fin du XIXe siècle et la petite route qui vous mènera au

Page de gauche
Les falaises de la Côte d'Albâtre terminent leur course à Ault en terre picarde.

Villa balnéaire du bois de Cise.

Dans une valleuse, le bois de Cise a été transformé en station de bains de mer au XIXe siècle.

panorama serpente encore entre les coquettes demeures. Le panorama en question est accessible par l'allée du Muguet et la route des Tilleuls. Sur la droite, une table d'orientation explique le magnifique tableau qui se dresse devant vos yeux : le littoral picard dans toute sa splendeur. Cayeux s'annonce au nord, tandis que l'ouest laisse figurer le long cordon de galets qui file justement vers la baie de Somme protégeant les bas-champs et la réserve avifaune du Hâble d'Ault. Sur la table, une charrue et une ancre posent bien souvent des questions aux visiteurs. Un indice ? Victor Hugo... A Ault, on n'est pas peu fier d'avoir attiré l'attention du poète. Ce à quoi on pourrait me répondre qu'on ne compte plus les villes qui se gargarisent du passage d'Hugo dans leur commune, et que certaines exploitent un peu trop le filon à des fins touristiques. Pour Ault, c'est différent. Victor Hugo ne s'est pas contenté d'un passage. Et, s'il réitère l'aventure, c'est parce que cet ancien bourg de pêcheurs l'a littéralement subjugué lors de sa première venue en 1837. Que viennent faire la charrue et l'ancre dans cette histoire ? Lisez donc ces quelques lignes : « A un détour du sentier, je me suis trouvé tout à coup dans un champ de blé situé sur le haut de la falaise et qu'on achevait de moissonner. Mais mon champ était délicieux, tout petit, tout étroit, tout escarpé, bordé de haies et pourtant à son sommet l'océan. Te figures-tu cela ? Vingt perches de terre pour base et l'océan posé dessus. Au rez-de-chaussée, des

La villa Coucou dans le bois de Cise.

faucheurs, des glaneuses, de bons paysans tranquilles à engerber leur blé, au premier étage, la mer, et tout en haut, sur le toit, une douzaine de bateaux de pêcheurs à l'ancre et jetant leurs filets. »

Le 8 septembre 1837, Victor Hugo adresse ces quelques mots dans une lettre à son épouse Adèle. Hugo est fasciné par ce qu'il a devant les yeux comme vous le serez sans doute vous aussi si vous n'avez jamais profité de ce panorama. A 90 mètres de haut, toutes les richesses de la baie de Somme s'offrent au regard : une mer à perte de vue avec quelques pêcheurs, des bas-champs entretenus à mains d'homme et des villages plus pittoresques les uns que les autres.

Voilà pourquoi je voulais tant commencer ce périple par Ault. Il n'y a à mon avis pas meilleur endroit pour vous donner envie d'enfiler les chaussures de randonnée et le sac à dos. Du bois de Cise, l'ancien sentier des douaniers parcourt la crête des falaises pour rejoindre le centre-ville. Si Hugo fait partie de vos classiques, sachez qu'un circuit sur les traces de l'écrivain balise tous les lieux de la cité qu'il a commentés dans ses lettres. Mais, avant de prendre la route pour le cœur de ville, laissez-vous envahir par les subtils effluves de sous-bois et perdez-vous dans les allées du Cise à la découverte de ses curiosités. Les jacinthes, anémones et autres myosotis accompagneront vos pérégrinations. Au détour d'une allée, un chalet, une bâtisse Belle Epoque ou encore une petite chapelle accostée d'une tourelle, perdue au milieu de nulle part, suscitent l'interrogation. Léon Montier, propriétaire parisien, fit construite cette petite chapelle au début du siècle dernier en mémoire de sa fille Edith disparue trop tôt. Aujourd'hui, l'édifice continue à vivre grâce à une association de passionnés, l'association Sainte-Edith... Si le bois de Cise a souffert pendant la Seconde Guerre mondiale, il demeure un lieu débordant de charme et le patrimoine survivant témoigne de la période faste des bains de mer. On ira même jusqu'à tailler la falaise pour offrir aux estivants un accès à la mer...

De nombreuses villas Belle Époque parsèment encore le bois de Cise, seul bois naturel de chênes et de hêtres de la côte picarde.

Au premier plan, le cœur de ville d'Ault se voit dominé par l'église Saint-Pierre et son beffroi ecclésiastique. Au second plan, le phare veille sur le quartier d'Onival.

Le beffroi ecclésiastique, véritable curiosité, a été construit au XIVe siècle.

La haute ville, fief des seigneurs

Le centre-ville d'Ault témoigne d'une période plus lointaine, celle du Moyen Age et de ses seigneurs. Ce qui marque avant tout, c'est cette

église surmontée d'un beffroi... Le beffroi n'est-il pas l'emblème des libertés communales face à l'église et au seigneur ? On dira dans le cas présent qu'Ault est l'exception qui confirme la règle ! Il faut remonter au XIVe siècle pour comprendre la construction de cette curiosité. Ault n'a pas le même visage qu'aujourd'hui. Son port de pêche florissant fait d'elle l'une des villes les plus riches du littoral de la Manche. Mais voilà, en 1340, alors que la Guerre de Cent Ans vient à peine de commencer, quatre-vingts voiliers anglais attaquent Mers-les-Bains, la voisine. Les comtes de Ponthieu, qui règnent sur le territoire, craignent que les habitants et surtout les commerçants ne se tournent vers l'ennemi. Pour les fidéliser et les garder sous leur joug, ils confirment la charte communale et accordent aux échevins le droit de construire « un beffroi avec grandes et petites

Dans le quartier Onival, la villa des Loups arbore un remarquable décor en céramique.

cloches » dans l'église Saint-Pierre et ajoutent qu'ils peuvent même « mettre un clerc dans l'église sans qu'un autre puisse s'y opposer, aux frais de la ville ». Le traditionnel clocher est alors remplacé par une tour quadrangulaire et devient juridiquement un beffroi ! Construite en damier avec des pierres blanches et des silex taillés, typique de la Picardie maritime, l'église Saint-Pierre va subir quelques transformations à travers les siècles. Le chœur et le chevet, remaniés au XVIe siècle, laissent place au gothique flamboyant. C'est justement à la fin du XVIe siècle qu'elle devint l'unique église paroissiale du bourg… En 1583, la ville basse et son port sont engloutis par une tempête. Ault est à terre.

Paul Landowski à Ault

Face à l'église Saint-Pierre, le monument aux morts rappelle une période sombre de l'histoire de France qui a particulièrement meurtri la Somme et ses villes côtières. Les guerres mondiales défigurent les plages d'Ault, mettent à terre ses villas de bord de mer considérées comme de véritables sentinelles et détruisent le casino des années trente. Des monuments aux morts, il en existe malheureusement des milliers en Picardie, mais peu peuvent s'enorgueillir d'avoir été construits par Paul Landowski, le père du Christ rédempteur de Rio de Janeiro ! C'est le cas de celui d'Ault. Pourquoi ce grand sculpteur figuratif réalise-t-il un monument à Ault ? Lors de la Première Guerre mondiale, Paul Landowski combat dans la Somme en 1916, il reçoit la croix de guerre. Pacifiste convaincu, il effectue après guerre plus de quatre-vingts monuments aux morts dont celui d'Ault en 1921. Dix ans plus tard, il conçoit l'un de ses plus grands chefs-d'œuvre, le Christ rédempteur.

Les falaises d'Ault offrent de magnifiques points de vue et se révèlent propices à la promenade. L'ancien sentier des douaniers permet de les parcourir sur les hauteurs.

Ault, port englouti

Victor Hugo évoque le tragique événement de la tempête d'Ault dans la lettre qu'il envoie à Adèle le 8 septembre 1837. « L'océan a eu des vagues pour chaque pierre. » L'écrivain est ému par une vieille dame qui, dans sa jeunesse, pouvait apercevoir le clocher de l'église du vieux port dépassant des flots. L'église Sainte-Marie a longtemps témoigné de la richesse du port aultois, mais, comme le reste du Perroir, quartier de pêcheurs, elle

La pêche à pied est une activité très pratiquée à Ault.

finit par disparaître à jamais, enfouie sous la mer. Avant que cette terrible tempête ne ravage le pied des falaises, Ault se composait d'une ville haute, fief des seigneurs et des commerçants, et d'une ville basse avec un port qui faisait vivre des centaines de famille. On a compté à Ault jusqu'à six cents matelots. Pour comparaison, le port aultois rivalisait alors avec ceux de Dieppe et Boulogne-sur-Mer ! Sa zone de pêche entre Cayeux et les falaises était réputée pour la qualité de ses poissons. On sait aujourd'hui que le port fut reconstruit. A peine un siècle après la catastrophe, François Vatel, le cuisinier du Roi-Soleil, commandait régulièrement du poisson en provenance d'Ault. Il se murmure même dans la cité que le suicide de l'illustre personnage ne serait pas étranger aux chasse-marée du secteur... On a écrit beaucoup à ce sujet, mais ce dont on est sûr, c'est que le 24 avril 1671, le cuisinier de Louis XIV devait préparer un repas de réjouissance à Chantilly et que, pour régaler les convives, il lui fallait préparer un plat de poissons, le 24 étant un vendredi. Seuls les ports de la Manche étaient en mesure de fournir à Chantilly du poisson de mer sans dépasser la durée de conservation de la denrée. Vatel travaillait avec une petite dizaine de ports pour diversifier ses sources d'approvisionnement, mais plusieurs écrits mettent en lumière le fait qu'il aimait particulièrement le bourg d'Ault, dont la marée passait pour être excellente. Le jour dit, alors qu'il attendait le chasse-marée, le fournisseur avait changé, et le poisson n'arrivait pas. Vatel, convaincu de l'impossibilité de servir le dîner, se transperça de son épée... Que retenir de toute cette histoire ? Tout d'abord, qu'Ault a su renaître de ses cendres. Mais alors pourquoi le port n'existe plus ? Pourquoi Victor Hugo s'émeut devant l'ombre de cet ancien quartier de pêcheurs ? Parce que la falaise s'effondra à nouveau à deux reprises, au XVIIIe et au XIXe siècle. Plus question de reconstruire un port, bien trop dangereux, et une autre activité allait nourrir les habitants : l'industrie de la serrurerie, dont le Vimeu tout proche était la capitale. Toute la famille pouvait y travailler : l'homme confectionnait la serrure, la femme assemblait les cadenas et les enfants vérifiaient la pièce !

Ault dispose de plusieurs observatoires, bien utiles pour contempler le jeu fascinant des marées et la beauté de l'estuaire picard.

Onival, le nouveau-né

Si l'on fait quelques pas en bord de mer en direction de Cayeux, quelques belles villas nous indiquent que la serrurerie ne fut pas le seul vecteur économique au XIXe siècle. En 1870, le peintre parisien Firmin-Girard découvre la plage du hameau d'Onival et ses longues étendues de sable à marée basse. Il fait construire une villa le long de l'actuelle rue de Saint-Valery, donnant sur le quartier du Perroir et des Quatre-Rues, parsemé quant à lui de petites maisons de torchis, au rez-de-chaussée habité par les pêcheurs en leur temps et les serruriers. Et il peint. Firmin-Girard peindra des dizaines d'œuvres avec pour toile de fond Ault et ses vastes prairies donnant sur la mer. Quelques années plus tard, en 1886, alors que Dieppe vit pleinement de ses bains de mer, Louis Gros, l'oncle de celui qui implanta les bains de mer au bois de Cise, rachète cette jolie colline qui domine la mer et décide d'en faire une station balnéaire à la mode. Il fait de la publicité auprès de ses compères parisiens « Onival, les bains à 3 h de Paris » et, en moins de vingt ans, trois cents magnifiques villas sortent de terre. Vers 1888, un Grand Hôtel (Hôtel Continental) s'établit en front de mer pour accueillir les premiers baigneurs et futurs acheteurs de terrains. Le centre-ville reste tourné vers l'industrie de la serrurerie tandis qu'Onival, tout nouveau quartier, accueille la haute société en mal d'oxygène. Les nouveaux propriétaires se font bâtir des demeures extravagantes à plusieurs étages et souvent richement décorées par des architectes parisiens de renom. Si les destructions de la Seconde Guerre mondiale n'épargnèrent pas le quartier, quelques belles bâtisses ornent encore le front de mer, la rue Hénin ou encore l'avenue du Casino. Ault était alors réputée pour ses opéras-comiques... Son casino, le Kursaal, long de 50 mètres, accueillait soirées dansantes, concerts et autres salles de jeu.

La chapelle des Marins d'Onival a été construite à la fin du XIXe siècle, à la naissance de la station balnéaire.

Le phare d'Ault

« Quand il se rend en baie de Somme en 1837, Victor Hugo voulait découvrir où commençaient les falaises normandes et où finissaient les dunes picardes », m'explique Jean-François-Emmanuel Morgillo, président de l'office de tourisme d'Ault, grand passionné de la cité. Au pied du phare, qui malheureusement ne se visite pas (dommage pour la vue), le paysage décrit par Hugo ne semble pas avoir pris une ride. Les falaises se montrent toujours aussi fragiles et certaines maisons ne semblent tenir que par un fil. Hugo n'a pas connu le phare que je découvre aujourd'hui. Il est mort deux ans avant sa construction en 1887. Détruit en 1940, il fut reconstruit en 1951 en béton armé et garde tout de même quelques briques rouges à son sommet. Sa mission ? Signaler les bancs de sable. Sa portée est de 30 kilomètres. Et malheureusement, avec l'ensablement de la baie, sa lanterne n'a jamais été aussi capitale...

Sur les hauteurs d'Onival, le phare signale aux marins les dangereux bancs de sable, nombreux en baie de Somme.

Villas balnéaires

Parmi les élégantes villas balnéaires encore visibles, la Salamandre, construite entre 1894 et 1897 à l'angle du boulevard de la mer et de la rue Hénin, arbore un décor de grès attribué à Gréber, la célèbre manufacture de Beauvais, tandis que la villa Odile, bâtie juste avant guerre avenue du Casino, se révèle typique de l'architecture balnéaire avec ses briques rouges et jaunes, ses bow-windows et son nom inscrit en céramique. La céramique et les briques étaient réalisées la plupart du temps dans les briqueteries d'Ault et ses alentours. Outre l'apport économique réalisé par le tourisme, les bains de mer constituèrent ainsi

En front de mer, la villa Salamandre témoigne de la richesse passée de la station des bains de mer.

A gauche
Décor de grès de la villa Salamandre située à l'angle du boulevard de la Mer et de la rue Hénin.

un véritable facteur de développement. Un itinéraire proposé par l'office de tourisme permet d'ailleurs de faire le tour de ces magnifiques céramiques qui subsistent sur les villas. Aujourd'hui, le bourg d'Onival est particulièrement fréquenté à la belle saison. Sa longue plage de sable fin est un lieu idéal pour la baignade alors que les plages toutes proches sont plutôt garnies de galets… Parsemé de ces belles villas et de ruelles typiques, le quartier d'Onival se prête idéalement à la balade. Sur les hauteurs, boulevard du phare, la chapelle Notre-Dame d'Onival a échappé aux destructions et aux différentes tempêtes qui ont sévi au début du XXe siècle sur la commune. Construite en 1886, à la naissance de la station balnéaire, pour pallier l'éloignement de l'église Saint-Pierre située en centre-ville, elle fut témoin de la transformation du quartier. Son architecture n'est pas des plus étonnantes – la partie supérieure du clocher se révèle tout de même coquette avec ses motifs de briques posées en relief –, mais son histoire demeure émouvante car il fallut beaucoup de générosité pour qu'elle puisse voir le jour. Le terrain fut cédé à titre gratuit par Louis Gros, le père de la station, tandis que l'architecte Delafont ne demanda pas d'honoraires. Seule la construction fut payée grâce aux dons des propriétaires et à des concerts organisés pour récupérer des fonds !

Ainsi, au début du XXe siècle, Ault qui n'avait plus de port mais bien d'autres atours, possédait un centre-ville dynamisé par l'activité industrielle de la serrurerie, mais aussi deux stations de bains de mer, l'une nichée dans un bois au fond d'une valleuse, l'autre à quelques pas du centre-ville, le long d'une magnifique plage de sable fin. L'activité industrielle a perdu de son faste, mais le centre-ville et les deux stations balnéaires sont toujours debout, prêts à témoigner. Depuis peu, les cabines de plage garnissent à nouveau le front de mer au retour des beaux jours. Regardez d'un peu plus près leurs jolis noms. Gavroche, Déruchette, Gilliat… Décidément, Victor Hugo n'est jamais bien loin…

Les cabines de plage d'Ault évoquent toutes le passage de Victor Hugo en 1837.

Entre Ault et Cayeux-sur-Mer, le hâble d'Ault s'étend sur 750 hectares.

Le hâble d'Ault, à l'instar des marais de Noyelles-sur-Mer et du Crotoy, est très fréquenté des chasseurs de gibier d'eau.

Le Hâble d'Ault, l'ancien port, refuge des oiseaux

Depuis le haut d'Onival, on distingue un immense cordon de galets qui file tout droit vers Cayeux et la baie de Somme. Cette barrière naturelle – quoique façonnée tout de même par l'homme – protège un site unique en France : le Hâble d'Ault. Cette ancienne lagune, qui s'étend jusqu'à la pointe du Hourdel au sud de la baie de Somme, se révèle être aujourd'hui une étonnante réserve avifaune. Pas moins de deux cent soixante-dix espèces d'oiseaux le fréquentent. Sur ses 750 hectares, 106 sont classés en réserve naturelle. Constitué d'un cordon de galets et de vastes zones humides, le Hâble d'Ault abritait au Moyen Age le plus grand centre de pêche du nord de la France. Soles, carrelets... La quantité de poissons prélevée était étonnamment fructueuse. Rappelez-vous, dans les pages précédentes, je vous contais l'intérêt de Vatel pour Ault... Le cuisinier du Roi-Soleil ne jurait que par cette bourgade située aux confins de la Picardie. La pêche y était tout simplement exceptionnelle. « Hâble » dérivé du « havre » signifie d'ailleurs port. Mais, le Hâble d'Ault n'était pas

Le hâble d'Ault se caractérise par une incroyable diversité de milieux.

un port, Ault avait le sien au pied des falaises. Cette superbe réserve ornithologique servait de centre de mouillage des navires qui pouvaient pénétrer dans cette zone en empruntant un chenal qui communiquait directement avec la mer. Plus rien ne subsiste de cette folle activité. Au XVIIIe siècle, las des inondations qui ravageaient maisons et cultures, les hommes construisirent la digue du Grand Barrement pour se protéger. En outre, cette grande zone humide, qui s'apparente aujourd'hui aux polders hollandais, se révélait propice à l'agriculture et au pâturage. Et, devant l'intérêt de cette activité économique, l'homme prit la décision de protéger ces terres des fougues de la mer. Sans la digue de galets, qui avoisine les 80 mètres de large, des centaines d'hectares seraient totalement inondés à marée haute. Les habitants de Cayeux et d'Ault ont encore sans doute à l'esprit les inondations de 1990 qui ravagèrent plus de 2 500 hectares. La tempête avait rompu la digue qui laissa passer la mer... Depuis, la digue est régulièrement rechargée en galets et se voit soutenue par des épis en béton. Ces derniers coupent la force des vagues et tentent tant bien que mal d'arrêter la migration des galets vers le nord.

Les bas-champs du hâble d'Ault sont protégés par une digue et un immense cordon de galets.

Seconde réserve avifaune de la baie

Hors d'eau, le Hâble d'Ault fut donc exploité à des fins agricoles puis pour la chasse au gibier d'eau, activité traditionnelle encore très vivace actuellement, il suffit de regarder le nombre de huttes dissimulées çà et là dans le domaine ! Aujourd'hui, ce marais exceptionnel séduit surtout les amoureux de marche et de nature pour la richesse de sa faune et de sa flore. Un sentier permet de sillonner les zones humides et de partir à la rencontre d'oiseaux en tout genre. Pour beaucoup d'entre eux qui empruntent le corridor des falaises de la Côte d'Albâtre, le Hâble d'Ault constitue un premier arrêt dans leur long-courrier. Cet espace de plus de 700 hectares, composé de prairies et d'étangs, se révèle être une zone d'hivernage et de reproduction de

Des observatoires ont été installés dans la réserve pour contempler, en toute quiétude, les centaines d'espèces d'oiseaux qui y nichent chaque année.

Un sentier aménagé permet de sillonner les bas-champs sans perturber la faune qui y a élu domicile. Des visites guidées sont régulièrement proposées au public.

qualité. Ainsi, le long du sentier, des points de vue et des postes d'observation permettent aux promeneurs d'épier, dans un calme absolu, un nombre incroyable de canards, vanneaux huppés, avocettes et autres spatules. Au marais d'Ault, vous aurez aussi la chance de pouvoir observer le gravelot, symbole de la réserve. Les trois espèces de gravelots européens sont présentes ici, elles font leur nid à même les pierres ! L'accès de la réserve est libre, mais il est recommandé de ne pas s'éloigner du chemin pour ménager la tranquillité de cette faune magnifique.

Le chou marin

Deux cent soixante-dix espèces d'oiseaux ont été recensées depuis la fin du XIXe siècle et pratiquement autant d'espèces de plantes ! Certaines sont protégées au niveau national, comme le chou marin, appelé encore le « crambe maritime ». Le chou marin s'installe sur les zones de galets. Cette plante vivace, ancêtre du chou cultivé, a la faculté de réapparaître après avoir été couverte de galets ! Elle forme alors des touffes importantes avec ses grandes feuilles arrondies et charnues. Très rare en Europe, le chou marin a été un légume particulièrement prisé le long de la côte atlantique. Aujourd'hui protégé, il continue à être cultivé mais ne peut être cueilli comme d'autres plantes halophiles comestibles.

Le chou marin apprécie particulièrement les galets du hâble d'Ault.

Cayeux-sur-Mer, le plein de curiosités

Considérez Cayeux-sur-Mer comme un apéritif, comme un petit en-cas qui vous mettra l'eau à la bouche dans votre découverte de la baie de Somme. Cayeux concentre, à elle seule, toutes les richesses présentes dans l'estuaire : une nature restée sauvage, une station authentique et une histoire encore visible au détour des ruelles. Commençons par les bains de mer. Car qui dit Cayeux, dit crinolines, gants, chapeaux et cabines de plage... Nous ne sommes ici qu'à quelques kilomètres de la Normandie et de la Côte d'Opale. Dans les années 1820, Dieppe et Boulogne-sur-Mer imitent la mode anglaise en inaugurant leur premier établissement de bains de mer. Les femmes de la haute société ont écho des bienfaits de l'iode et rappliquent dans lesdites stations. En maillot six pièces, elles se changent dans des cabines installées sur des charrettes tirées par des chevaux qui les amènent ensuite directement à la plage. Une mode est née, et Cayeux-sur-Mer, comme les autres cités de la côte picarde, va vite en profiter. En juillet 1852, un certain François Dufresne, sans doute inspiré du succès de ses voisines, demande à la mairie l'autorisation d'utiliser une partie de la plage pour y placer des bains. Le succès est immédiat. Les estivants arrivent dans le village qui vivait jusqu'alors de la pêche et de quelques industries

Page de gauche
Le phare de Brighton.

Quatre cents cabines de plage garnissent le chemin de planches de Cayeux, le plus long d'Europe (2 kilomètres) !

Ci-contre, en haut
Malgré les importantes destructions causées pendant la Seconde Guerre mondiale, Cayeux-sur-Mer possède encore de belles demeures.

Ci-contre, en bas
La villa Idéale, témoin des bains de mer lancés à la fin du XIXe siècle.

naissantes. Des villas s'élèvent dans la Grand-Rue (actuelle rue du Maréchal-Foch) et quelques pêcheurs des quartiers proches de la mer comme le Bout-d'Aval et le Bout-d'Amont louent leurs demeures aux touristes. L'architecture en longueur et la répartition des pièces permettent au pêcheur et à sa famille de vivre à l'arrière du bâtiment et de louer les pièces à vivre aux estivants. Près de la plage, l'Hôtel des Bains, inauguré dans les années 1860, affiche son faste. En 1883, plus de sept mille estivants viennent profiter du bon air samarien à Cayeux. Vingt ans plus tard, en 1903, 45 000 billets de train (le chemin de fer est en place en 1887) sont vendus pour la destination de Cayeux. Le village se transforme, les belles et grandes villas viennent se confronter aux modestes maisons de pêcheurs. Cayeux manque d'hébergement. Il faut construire. Il faut aussi percer deux grandes rues pour relier la gare à la plage et au quartier balnéaire. Le long des avenues Carnot et Doumer sont édifiés les magasins de commerce. On bâtit un casino et même une villa pour héberger les pratiquants du culte protestant : la villa Eole. Les Anglais viennent en nombre. Le succès des bains du centre-ville donne même des idées à certains...

À la fin du XIXe siècle, Cayeux-sur-Mer possédait deux casinos ! Celui du boulevard du Général-Sizaire demeure aujourd'hui le seul casino de la côte picarde.

Le musée Benoît-Champy

A quelques pas de l'office de tourisme, un abri de brique abrite un curieux musée, ou plutôt un curieux engin : le *Benoît-Champy*. Une invention de Jules Verne ? Presque... Le *Benoît-Champy* n'explorait pas les fonds marins, il empêchait les hommes d'aller les explorer malgré eux... Le *Benoît-Champy* est un ancien canot de sauvetage à voiles et à avirons construit sur le chantier naval Augustin Normand du Havre en 1887. Il ne s'agit donc pas d'un simple canot, vous l'aurez compris. Le *Benoît-Champy* appartient à la seconde génération des canots de sauvetage de la Société centrale de sauvetage des naufragés créée par Napoléon pour sécuriser nos côtes. La station de sauvetage de Cayeux fut créée en 1876. Après avoir rendu de loyaux et bons services pendant près de soixante-dix ans, le canot est abandonné dans des vasières. Mais, il y a quelques années, le *Benoît-Champy* est rendu à Cayeux et il n'en faut pas moins pour que quelques passionnés le remettent sur pied. Aujourd'hui, rares sont les canots de sauvetage du siècle dernier à être exposés au public, qui plus est dans leur abri d'origine. A l'intérieur, tout le mobilier nécessaire à la mise en fonction du canot (baril de galère, seaux en bois, compas, cloche d'alarme et baquet pour rinçage de voiles) est conservé. Une visite étonnante qui permet de découvrir plus largement l'histoire du sauvetage en mer sur la côte picarde.

Construit au XIXe siècle, le canot de sauvetage « Benoît Champy » a arpenté le large de Cayeux pendant près de soixante-dix ans. © Nicolas Méquin - office de tourisme de Cayeux.

Dans son abri d'origine, le « Benoît Champy » ouvre aujourd'hui ses portes aux visiteurs et dévoile l'histoire du sauvetage en mer sur la côte picarde.
© Nicolas Méquin - office de tourisme de Cayeux.

De splendides demeures Belle Époque subsistent dans le quartier de Brighton-les-Pins.

Mis en service en 1951, le phare de Cayeux-sur-Mer, situé dans le quartier de Brighton, culmine à 32 mètres de haut.

Brighton-les-Pins

A la fin du XIXe siècle, alors que la station attire de plus en plus d'estivants, un groupe d'investisseurs britanniques mise sur l'aménagement du quartier du Bout-d'Amont qui s'étend autour du phare et surtout près d'un bois de pins planté par l'Etat dans les années 1850. Si les bois de pins ont gagné la Côte d'Opale à Hardelot ou au Touquet, ils se font rares sur la côte picarde et les investisseurs ont flairé le potentiel... Une partie des terres est ainsi rachetée par des dandys britanniques qui fondent la Société du New-Brighton. La station anglaise « Nouveau Brighton » est née. Le fameux bois de pins devient un véritable faire-valoir. Les investisseurs ne s'étaient pas trompés. Le bronzage à l'époque est banni, les dames se cachent sous leurs ombrelles et évitent chacun des rayons du soleil afin que leur peau reste le plus blanche possible... Les pins apparaissent comme de merveilleux alliés. Une partie du bois est dédiée à la vente, l'autre est destinée à la promenade. Une voie de tramway est construite puis un hôtel-casino, si bien que Cayeux possédera deux casinos avec celui du centre. La plage se pare de cabines de bain et bien sûr les villas poussent comme des champignons au milieu du bois. A la veille de la Première Guerre mondiale, le village de Cayeux aura réussi le tour de force de posséder deux stations balnéaires. Que reste-t-il aujourd'hui de ces années fastueuses ? Malheureusement plus grand-chose au niveau de l'architecture balnéaire, la Seconde Guerre mondiale ayant laissé peu de chances à ces belles villas, même si quelques-unes trônent encore fièrement dans le quartier de Brighton. L'ambiance des bains de mer est encore bien présente, notamment grâce aux quatre cents cabines de plage installées à la belle saison sur l'immense plage. Quatre cents, vous avez bien lu... Cayeux-sur-Mer possède encore aujourd'hui l'un des plus longs chemins de planches en Europe : 2 kilomètres, soit aussi long que l'avenue des Champs-Elysées ! La station se tourne aujourd'hui vers un tourisme familial, sa plage de 14 kilomètres lui permet de multiplier les zones de baignade et surtout de pouvoir s'adonner à de nombreuses activités sans gêner le voisin. Cayeux se prête volontiers à la balade, sa plage court d'Ault, au pied des falaises normandes, à la pointe du Hourdel qui voit naître la baie de Somme.

La route blanche

Les amateurs de marche et de vélo apprécieront également la route blanche qui permet de rejoindre le petit port du Hourdel sans croiser une seule voiture. Pourquoi blanche ? Tout simplement parce qu'elle fut bâtie dans les dunes et qu'elle se voit régulièrement recouverte de sable. Cette route fut construite par les Allemands pendant la Seconde Guerre mondiale. En se nichant dans les dunes, les soldats pouvaient rejoindre Cayeux sans être vus et surtout en ayant toujours un œil sur la mer d'où pouvait surgir l'ennemi. Si, pendant la Première Guerre mondiale, Cayeux servit de base arrière pour l'armée britannique (le casino est transformé en hôpital militaire, le palace-hôtel en centre de repos et de convalescence et l'hôtel des Bains en centre de renseignements), la Seconde Guerre mondiale marqua une réelle rupture dans son développement. Le phare, encore visible aujourd'hui dans le quartier de Brighton, est détruit le 31 août 1944 et sera reconstruit en 1951, et les pins du bois serviront comme bois de chauffage pour les troupes de l'Occupation. Cayeux jouissait d'une position stratégique, son hameau du Hourdel contrôlait l'entrée des bateaux en baie. Ce dernier fut d'ailleurs rasé au départ des Allemands. Emprunter cette route blanche n'a donc rien d'anodin. Les blockhaus qui font face à la mer sont là pour nous rappeler l'histoire. En empruntant la route blanche, les visiteurs longent également le cordon de galets qui court du Hâble d'Ault à la pointe du Hourdel. Là encore, l'histoire est surprenante. Ce cordon naturel de galets qui sert de digue pour protéger les bas-champs constitue une véritable richesse depuis près de deux siècles.

De Cayeux-sur-Mer, la route Blanche permet de rejoindre le petit port du Hourdel sans croiser de voitures.

La capitale du galet

A Cayeux, on a fait du silex qui tombe de la falaise toute proche un véritable trésor. Quand l'eau s'infiltre dans la falaise, elle dissout la craie qui libère des silex. Ces silex, quand ils s'échouent sur la plage, sont polis par les eaux et deviennent des galets. Ces galets, les Cayolais ont choisi très tôt de leur trouver une destinée. Déjà, en 1840, alors que François Dufresne n'a pas encore commencé la transformation de Cayeux en station balnéaire, chaque jour, des journaliers ramassent des kilogrammes de galets qu'ils transportent sur leur dos jusqu'à la terre ferme. La qualité de ces galets est connue outre-Manche. Les potiers britanniques les utilisent pour la fabrication de leur porcelaine. Ils les brûlent, les réduisent en poudre qu'ils introduisent dans leur pâte céramique. La silice (poudre) des galets de Cayeux leur apporte une extrême solidité... Cayeux a trouvé son « or bleu ». Des bateaux anglo-saxons accostent à Saint-Valery-sur-Somme, à Cayeux même ou encore au Hourdel pour retourner chez eux remplis de galets ! Parfois à leurs risques et périls. Combien de radeaux se sont retrouvés pris au piège des bancs de sable de la baie de Somme ? En 1860, Cayeux-sur-Mer produisait 15 000 tonnes de galets par an, 100 000 tonnes en 1900. Aujourd'hui, près de trois cents personnes vivent encore du galet de Cayeux. La tradition ne s'est pas éteinte, même si peu de potiers britanniques continuent à utiliser la silice cayolaise dans la composition de leur porcelaine. Leur haute teneur en silice les rend précieux dans l'industrie. On les utilise après calcination et broyage pour les routes mais aussi pour la confection de matériaux composites comme les colles, enduits, peintures et même les prothèses dentaires ! Dans le hameau de La Mollière, une route traverse les carrières de galets. On y observe des montagnes de cailloux – Cayeux signifie « caillou » en picard – prêts à être transformés. Mais revenons à notre route blanche. Quelques coups de pédales et vous voilà au cœur d'une nature sauvage particulièrement dépaysante. Cette route construite donc par les Allemands se faufile entre les dunes, la végéta-

Ci-contre
Plusieurs entreprises cayolaises vivent encore de l'exploitation de galets comme l'entreprise Silmer, fondée en 1928.

Grâce à leur haute teneur en silice, les galets de Cayeux sont utilisés dans l'industrie pour les routes mais aussi pour la confection de matériaux composites comme la colle ou les peintures.

tion vous caresse les mollets. En juin et juillet, les lilas de mer tapissent le décor de mauve et les oyats qui tentent tant bien que mal de fixer les dunes semblent indiquer le sens du vent… De la route blanche, la vue sur la baie de Somme est extraordinaire. En trois tours de roue, le paysage peut changer et surtout quel spectacle à marée descendante ! La plage de galets découvre petit à petit une plage de sable sur laquelle il n'est pas rare de voir les phoques veaux marins se faire dorer la pilule. La baie de Somme compte la plus importante colonie de veaux marins en France. Le long de la route blanche, ces belles grosses bêtes à l'œil coquin attendent que les premiers bancs de sable s'exondent pour se regrouper sur leur douillet reposoir… Un spectacle magnifique.

La chapelle des Marins

Presque toutes les communes situées sur le front de mer en baie de Somme possèdent une chapelle des marins. Ault, Le Hourdel, Saint-Valery ou encore Le Crotoy, toutes lui vouent un culte sans borne. Cayeux, bien sûr, ne déroge pas à la règle, la chapelle des Marins se situe à quelques pas du rivage de galets et est dédiée à Notre-Dame de la Mer. J'avoue toujours ressentir une émotion particulière devant ces édifices pourvus de tant de symboles évocateurs. Combien de marins sont venus prier pour que la pêche soit bonne ? Combien de femmes venaient supplier Notre-Dame pour que leur mari revienne sain et sauf ? Cette chapelle fut construite en 1850 et se voit habillée d'un très beau portail au tympan remarquablement sculpté. A l'intérieur, les maquettes de bateaux nous rappellent que, jusque dans les années 1940, les pêcheurs débarquaient directement leurs poissons sur la grève.

La chapelle des Marins de Cayeux possède un magnifique tympan sculpté en bois peint par l'abbé Boursin.

Rue du Général-Leclerc, la chapelle des Marins – dite Notre-Dame de la Mer – a été construite grâce aux cotisations recueillies par l'armateur Pierre Danoy et l'abbé Ternisien.

Sa majesté le phoque

La baie de Somme abrite la plus grande colonie de phoques veaux-marins en France. © DR

Surnommée à juste titre la « baie des phoques », la baie de Somme abrite la plus importante colonie de phoques veaux marins en France. Véritable curiosité pour les gens de passage mais aussi, il faut bien le dire, pour les habitants, le phoque veau marin vit au rythme des marées. A marée haute, cette joyeuse colonie se disperse en mer et part à la pêche. A chacun son poisson ! Un phoque peut manger de 2 à 3 kilos de poissons par jour (notamment du carrelet, du flet, de l'anguille et même des crevettes grises). A marée basse, et c'est là que ça devient intéressant pour nous, ils viennent se reposer en groupe sur les bancs de sable. Plus petit que le phoque gris, que l'on trouve aussi en baie de Somme mais en moins grand nombre, le veau marin se distingue essentiellement par son pelage gris et ses taches noires. Jules Verne en son temps mentionnait déjà la présence de l'animal !

Aujourd'hui, la pointe du Hourdel et la route blanche qui mènent à Cayeux-sur-Mer restent des endroits privilégiés pour observer leur comportement, même s'il n'est pas rare d'en croiser le long du chenal de Saint-Valery. L'association Picardie Nature, qui mène

Plus petit que le phoque gris, le phoque veau-marin est reconnaissable à ses taches noires sur la tête et le pelage. © DR

des actions de surveillance et de recherche, organise régulièrement des visites en baie pour comprendre comment se comporte cet animal sauvage. Parce que, aussi charmant et charmeur soit-il, gardez toujours à l'esprit que le phoque a besoin de tranquillité. Même si l'approche est terriblement tentante, mieux vaut chausser les longues-vues pour ne pas les perturber. Il n'est donc pas rare de les voir se dorer la pilule à marée basse sur un banc de sable à quelques mètres de la terre ferme. Le meilleur moment pour avoir la chance de les croiser se situe entre les mois de juin et juillet. En été, les mères donnent naissance à leur rejeton justement sur le sable. Le petit pèse alors 8 kilos et ressemble comme deux gouttes d'eau à son géniteur ! On compte en moyenne une quarantaine de naissances chaque année. Mais, attention, l'association Picardie Nature recueille (trop) régulièrement des petits échoués sur la plage. Car, en cas de dérangement, la mère, de nature craintive, délaisse souvent son petit. Au XIXe siècle, l'espèce faillit bien disparaître de la baie de Somme. En cause ? La chasse intensive et le développement des pêcheries... Mais, au milieu des années 1980, grâce à la mise en place de mesures de protection, les phoques font leur grand retour en baie de Somme. Une première colonie s'installe en 1986 et commence à se reproduire à partir de 1992. Aujourd'hui, on compte à peu près deux cents phoques veaux marins en baie de Somme, la baie du Mont-Saint-Michel en comptabilise une quarantaine...

Au Hourdel, il n'est pas rare de croiser un phoque veau-marin venu se reposer sur un banc de sable à marée basse.

Le Hourdel, porte de la baie

Hameau de Cayeux, Le Hourdel se situe sur une étroite pointe à l'extrémité sud de la baie de Somme et de par sa situation géographique délivre un panorama inédit sur l'estuaire. Du Hourdel, on commence à distinguer sur l'autre rive les pinèdes du Marquenterre ainsi que Le Crotoy, ancien port de pêche florissant. Comme ce dernier, Le Hourdel a longtemps vécu de la pêche et, si l'ensablement de la baie a condamné petit à petit le port, d'irréductibles pêcheurs perpétuent la tradition pour le bonheur des habitants mais également des visiteurs.

Le Hourdel a longtemps vécu de la pêche. Aujourd'hui l'ensablement de la baie a condamné son port.

Les installations pour la pêche sont modestes, voire désuètes, mais c'est là tout le charme du Hourdel. Le petit port semble avoir échappé à la modernité et c'est tant mieux. Bien sûr, l'architecture issue de la reconstruction – le hameau fut rasé pendant la Seconde

D'irréductibles pêcheurs continuent à amarrer leur bateau au Hourdel, pour le bonheur des habitants et des visiteurs.

Guerre mondiale – n'est pas la plus représentative de celle de la baie de Somme, mais il se dégage de ce petit port un charme certain. Pêcheurs et touristes se rencontrent à la pointe du Hourdel pour déguster une bière ou une bonne assiette de bulots. Le hameau n'est pas grand, il s'établit principalement autour de deux rues parallèles essentiellement construites de maisons de pêcheurs. Ici les activités sont peu nombreuses, les restaurants se comptent sur les doigts de la main et n'espérez pas faire du shopping. Le Hourdel se vit. Le Houdel s'apprivoise. Le meilleur moyen d'en découvrir toutes les facettes est de s'y promener lentement à toutes les heures de la journée. A condition d'être prudent et de se renseigner sur les horaires des marées. Car la mer remonte rapidement et peut vous isoler en quelques minutes sur un banc de sable. A marée basse, on croise des passionnés en tout genre : des ramasseurs de coques, des pêcheurs de crevettes et des cueilleurs de salicorne. La mer est ici féconde. Elle nourrit toute une population d'alevins, de poissons plats et de coques. Ainsi, quelques pêcheurs continuent, malgré le défi que cela constitue, de ramener au port du poisson frais et des crevettes grises. Le retour de ces joyeux personnages est d'ailleurs source de curiosité pour les touristes qui s'étonnent de voir les bateaux reposer directement sur le sable quand la mer s'est retirée.

C'est au Hourdel que s'ouvre la baie de Somme, laissant des paysages à couper le souffle.

Au Hourdel, la pêche semble être une seconde nature même si l'activité n'est plus aussi florissante qu'il y a un siècle.

Ci-dessus
Il est primordial de se renseigner sur les horaires des marées avant d'entamer une promenade en baie. Les marées peuvent très vite surprendre.

Construit en 1948 en béton armé, le feu du Hourdel mesure 18 mètres de haut, il n'est pas assez grand pour pouvoir porter le nom de « phare » même si son rôle est d'aiguiller les marins.

Aussi dangereuse que belle

Dominant le port, la tour blanche et verte n'est pas là par hasard... Autrefois, cette petite tour marquait la pointe nord de ce hameau de pêcheurs, mais en un siècle le paysage a bien changé. Le cordon de galets s'intensifie de plus en plus par le nord et la baie s'ensable inexorablement. Reconstruit en 1948 après avoir été détruit en 1944, le feu du Hourdel (sa petite taille ne lui permet pas de porter le titre de phare) signale les portes du port et plus largement la baie de Somme. Les marins savent alors qu'ils doivent redoubler de vigilance tant les bancs de sable sont nombreux. Les sauveteurs de la SNSM (Société nationale de sauvetage en mer) occupent d'ailleurs le rez-de-chaussée du feu qui malheureusement n'ouvre pas ses portes au public pour une question de sécurité. Tout un système de balises et de bouées est mis en place pour aiguiller les marins dans le chenal qui ne fait que zigzaguer. Les avertissements placardés sur le feu rappellent combien la traversée peut être dangereuse. On identifie très bien ici la lutte sans merci que se livrent la terre et la mer pour la domination de cet estuaire sauvage. Malgré sa dangerosité, Le Hourdel reste un point de départ privilégié

De Cayeux au Hourdel, la longue plage se révèle propice aux sports de voile

pour découvrir la baie. Les associations de balade en baie démarrent très souvent leur périple dans ce petit port. Du Hourdel, on rejoindra Cayeux-sur-Mer et les falaises d'Ault via la route blanche ou on partira en direction du cap Hornu et de Saint-Valery-sur-Somme pour découvrir les charmes de la cité médiévale. Enfin, c'est sans doute au Hourdel que l'on prend conscience de toute la palette de couleurs que peut offrir la baie de Somme. Une lumière impressionniste, peut-on lire un petit peu partout dans les guides de voyage. Au Hourdel, les galets gris flamboyants défient les dunes de sable couleur or quand le soleil perce les nuages. Les prés salés qui jouxtent le port changent de teinte en quelques heures et passent du vert sapin au brun. Lors des grandes marées, le spectacle est encore plus vertigineux. L'attraction de la lune sur la mer offre des nuances de couleurs et de lumières à faire pâlir Alfred Manessier, l'enfant du pays, qui n'a cessé de s'inspirer de la baie pour ses peintures. Enfin, toujours pendant les grandes marées, la pointe du Hourdel permet d'observer le mascaret, cette rencontre des eaux marines et des eaux douces. Je rappelle au passage que la baie de Somme est un estuaire, la Somme vient s'y jeter dans la Manche. Le mascaret est un phénomène de brusque élévation de l'eau d'un estuaire par l'onde de la marée montante lors des grandes marées. Lorsque arrive la vague, l'atmosphère change très brutalement. Les oiseaux quittent les bancs de sable recouverts par la mer qui engloutit tout sur son passage, amenant avec elle la colonie de phoques qui profitent des remous pour pêcher à quelques mètres des promeneurs... Un spectacle à couper le souffle.

Zone de mollières le long de la route Blanche.

A la cueillette des plantes de la baie

Avec la pêche à pied, la cueillette est depuis quelques années très en vogue en baie de Somme. Mais attention, comme pour les champignons, il y a les plantes qui vous veulent du bien et celles qui vous causeront des torts bien malgré elles. Je ne peux que vous conseiller de vous initier avec les associations locales qui organisent des balades-cueillettes en baie de Somme. C'est le cas de l'association Rando-Nature en Somme ou encore de Renêtre (dont le siège est à Amiens). Pourquoi la cueillette en baie de Somme ? Tout simplement parce qu'elle possède une richesse et une variété de milieux qui permettent de garnir nos paniers avec une kyrielle de plantes savoureuses bonnes pour la santé. On ne trouve pas les mêmes espèces à Cayeux-sur-Mer que dans le parc du Marquenterre, tout comme on ne trouve pas les mêmes plantes dans les prés salés et sur les dunes.

Entre terre et mer

La star de la baie reste incontestablement la salicorne, « corne de sel », que l'on trouve un peu partout sur les terres à vasières et dans les marais salants. Elle aime être recouverte d'eau de mer plusieurs heures par jour et développe ainsi un goût salé et acidulé. La salicorne est sans doute la plante halophile qui possède le plus de surnoms : haricot de mer, cornichon de mer, passe-pierre... Aussi parce qu'elle se déguste de multiples façons : comme le haricot vert ou comme le cornichon mis en bocal avec du vinaigre. Si la cueillette « sauvage » reste tolérée (à condition d'être raisonnable dans l'arrachage), la salicorne représente une économie non négligeable pour l'estuaire picard. La baie de Somme est l'un des premiers bassins de production de salicorne en France. Nos voisins belges et hollandais en sont particulièrement friands. Ils sont une centaine à pouvoir récolter ces petites tiges vertes, de mai à août, sur l'estran. Pour la cueillir, il faut y aller délicatement au couteau – les professionnels utilisent un outil ingénieux qui permet de couper et récolter en même temps – et privilégier la jeune pousse car

La récolte de la salicorne se pratique quand la plante est jeune, soit entre la fin du mois de mai et le début du mois de septembre. © CDT Somme - DM

A Saint-Valery-sur-Somme, la boutique La Sardine vous propose de savourer les délices de la mer. Anne-France Rouxel vous délivrera ses petits secrets pour les cuisiner.

elle est plus tendre. Quand les tiges sont trop hautes, elles deviennent filandreuses et gagnent en amertume (mieux vaut alors les blanchir). La salicorne se cueille à marée basse (renseignez-vous bien sur les horaires des marées, la baie de Somme est particulièrement dangereuse), quand les tiges sont encore bien fermes. Côté vertus, sachez, mesdames, que la salicorne contient très peu de calories, qu'elle est en revanche riche en iode, en phosphore en vitamines et en sels minéraux et qu'elle contient naturellement des omégas-3 et des oligoéléments. Tour cela pour une seule et même plante !

Non loin d'elle, à la limite de l'estran, vous aurez peut-être la chance de croiser l'obione, petit buisson aux feuilles grisâtres qui appartient à la même famille que la salicorne (les chénopodiacées). Les cueilleurs professionnels du haricot de mer ne l'apprécient guère car l'obione peut vite devenir invasive et prendre le pas sur sa cousine... Toujours est-il que ce buisson fournit des petites feuilles qui une fois séchées peuvent remplacer à merveille les traditionnelles chips, beaucoup plus caloriques ! Inutile de décrire l'expression du visage de vos invités quand vous leur servez pour la première fois vos petites feuilles en guise de gâteaux apéritifs.

L'obione, souvent présent dans les vases des prés salés. © L. Fasseu

La baie des Saveurs

Ne vous étonnez pas non plus si l'on vous propose en baie de Somme de l'oreille de cochon ! Il s'agit là encore d'une plante halophile que l'on trouve dans la partie supérieure des mollières régulièrement recouvertes par la mer. Cet épinard de mer, reconnaissable à ses longues feuilles et ses fleurs variant du blanc crème au mauve à la belle saison, se révèle délicieux en accompagnement d'un poisson ou d'un agneau de l'estran. On le récolte généralement au printemps. Dans les parties un peu plus végétalisées, on trouvera l'armoise maritime ou l'arroche hastée. La première fait partie de la famille de l'estragon et dévoile un parfum délicat pour aromatiser les poissons tandis que la seconde, facilement reconnaissable à ses feuilles recouvertes d'une poudre blanche, constitue une excellente salade. « La nature est un garde-manger abandonné », écrivait l'ethnobotaniste François Couplan dans son ouvrage *La nature nous sauvera*.

L'argousier se prête à de nombreuses recettes et se révèle délicieux en confiture. © L. Fasseu

Page de gauche
L'argousier, très présent dans le milieu dunaire, ici au lieu-dit La Mollière sur la commune de Cayeux-sur-Mer.

A Saint-Valery-sur-Somme, Sam l'épicier propose en plus des produits traditionnels d'une épicerie, une large gamme de produits « made in » baie de Somme.

Effectivement, en baie de Somme, on ne peut que constater les richesses que nous offre dame Nature... Même les terres rases abritent quelques surprenantes espèces comme le cakilier qui pousse à même le sable ! « Très épicées, ses fleurs blanches se révèlent délicieuses hachées dans du fromage de chèvre », m'indique Hubert Lévêque, guide de l'association Renêtre et naturopathe. J'insiste sur le fait qu'il faut s'initier à la cueillette avec des professionnels ou de véritables connaisseurs. La cueillette de plantes sauvages requiert connaissance et observation. Enfin, l'argousier, emblème par excellence du milieu marin, se prête aussi à de nombreuses recettes : confitures, gelées... Ses baies sont naturellement riches en vitamine C. Quelques boutiques, comme Cueillette en baie de Somme à Abbeville, ou Sam l'épicier à Saint-Valery-sur-Somme, en ont fait leur spécialité. Il faut dire que, sur du pain grillé au petit déjeuner ou en accompagnement du foie gras, la gelée d'argousier se révèle particulièrement goûteuse et délicate.

Idéal pour se balader, le cap Hornu est l'un des sites les plus sauvages de la baie de Somme.

Un sentier pittoresque traverse le cap Hornu et emmène les promeneurs jusque Saint-Valery-sur-Somme.

Le cap Hornu, au bout du monde

Entre Saint-Valery-sur-Somme et Le Hourdel, le cap Hornu délivre une magnifique vue d'ensemble sur la baie de Somme. Et pour cause, connaissez-vous la signification

réelle du mot cap ? « Une pointe de terre qui s'avance dans la mer », disent les dictionnaires. A l'instar des caps Gris-Nez et Blanc-Nez un peu plus au nord, sur la Côte d'Opale, le cap Hornu, avec son pied dans la Manche, possède un panorama quasiment à 360° sur la baie de Somme. On distingue Saint-Valery – l'idéal d'ailleurs pour y accéder est d'emprunter la digue à partir de la cité médiévale –, mais aussi Le Hourdel avec son phare blanc et vert et Le Crotoy surmonté de ses tourelles, un bel édifice du XIXe siècle aujourd'hui transformé en hôtel-restaurant. Bien installé sur une falaise morte, le cap Hornu domine ainsi la grève et les champs. Du parking de la résidence (voir l'encadré), un sentier permet de se balader dans les prés salés et, pour les plus courageux, de rejoindre le petit port du Hourdel. Les moutons semblent apprécier le couvert et il n'est pas rare de croiser un berger accompagné de ses chiens. Un peu plus loin, les étangs accueillent le héron cendré ou encore la grande et belle aigrette garzette. Ce petit héron blanc est facilement reconnaissable à sa longue silhouette mince et son cou interminable. Si vous le pouvez, épiez-la quelques instants. Elle peut rester des minutes entières immobile à attendre qu'un poisson passe. Quand elle s'impatiente, elle agite un peu les pieds pour déranger et déloger ses proies. Les quelques fleurs qui parsèment le parcours donnent à la balade une saveur particulière. Le calme et la sérénité qui se dégagent des lieux plongent les promeneurs dans une atmosphère de bout du monde que rien ne semble pouvoir déranger. La digue de la Gaieté surplombe ensuite les mollières parsemées de nombreuses huttes de chasse ainsi que les polders transformés en verts pâturages. La nature est reine et, surtout, elle nous tend les bras.

Ecrin d'exception

Incontournable pour qui veut passer un séjour au calme en pleine nature, l'hôtel-restaurant Le Cap Hornu possède sans doute l'une des plus belles vues sur la baie de Somme. Construite sur un site de 15 hectares à la fin du XIXe siècle, cette gentilhommière conserve tout le charme de l'architecture picarde avec une alternance de silex et de torchis. De la terrasse, surplombant une pelouse en pente douce vers la mer, on peut assister le soir à l'envol des oiseaux vers les marais de la Somme... Un spectacle qui devait sans doute plaire à la famille Orsay, propriétaire des lieux de 1963 à 1973. L'hôtel possède pas moins de quatre-vingt-onze chambres, mais reste particulièrement calme, et le restaurant fait la part belle aux produits de la baie.

À l'écart de l'agitation urbaine, l'hôtel-restaurant du cap Hornu assure un dépaysement garanti.

BL458285

Saint-Valery-sur-Somme, oublié de l'histoire

Appelons un chat un chat. Saint-Valery-sur-Somme ne possède pas d'accent sur le « e », que cela soit clair. « Si l'on voulait être correct, il faudrait même prononcer Saint-Valry et non Saint-Valéry », me lance Bertrand, un Valéricain pure souche. Ce détail peut paraître anecdotique, mais il a pourtant son importance. Tout simplement parce qu'il nous éclaire sur la naissance même de la cité. Les origines de Saint-Valery remontent vraisemblablement à plusieurs millénaires. Sept cents ans avant J.-C., il semblerait que les Grecs se soient établis à Saint-Valery appelé alors Leuconaus, « vaisseau blanc ». Ce dont on est sûr, c'est qu'en 611, un moine du nom de Gualaric vient évangéliser la région. Il s'installe en ermite sur le promontoire du Leuconaus et fonde une abbaye qui prend très vite de l'importance grâce à un pèlerinage. Dagobert puis Charlemagne en personne visiteront le site de Leuconaus en leur temps. Et Saint-Valery là-dedans ? Eh bien, Saint-Valery serait une déformation du nom du moine Gualaric qu'on écrivit par la suite Walaric puis Walric puis Valery...

De l'abbaye, il ne reste malheureusement plus rien. Pourtant, ce ne fut pas faute d'avoir voulu la garder sur pied... Elle sera pillée par les Vikings au cours des VIIIe et IXe siècles puis dans les siècles qui suivirent. Saint-Valery fut assiégé pas moins de vingt fois en seulement quatre siècles. Vous ne serez donc pas surpris de trouver des remparts sur les hauteurs de la ville.

Page de gauche
A l'extrémité de la digue, le feu de Saint-Valery-sur-Somme signale l'entrée du port de la Ferté.

La porte Jeanne-d'Arc dans la haute-ville.

L'immensité de la baie se dévoile à Saint-Valery lorsque la marée est descendante.

La conquête de l'Angleterre démarre de Saint-Val !

1066, Guillaume de Normandie trépigne. Il veut à tout prix récupérer le trône d'Angleterre qu'il estime s'être fait voler par Harold Godwinson. Il comprend qu'il lui faudra employer la force, mais le mauvais temps l'empêche de prendre le large. C'est à Saint-Valery qu'il attend plus ou moins patiemment les vents favorables... Et c'est surtout de Saint-Valery qu'il met les voiles vers l'Angleterre accompagné de six cents bateaux, quinze mille hommes et plus de trois mille chevaux. Difficile d'imaginer la scène en regardant le port aujourd'hui. Il semble si paisible. Difficile d'imaginer tous ces bateaux et guerriers agglutinés dans le port, même si l'on sait que l'armée était postée à différents endroits de l'estuaire (notamment au Crotoy).

Les remparts de Saint-Valery-sur-Somme protègent encore la haute-ville.

Guillaume de Normandie bat Harold et se voit couronné en octobre 1066. Dès lors, il prend le nom de Guillaume le Conquérant et devient l'un des plus puissants monarques d'Europe. Son nom plane encore partout dans la cité. Outre les tours Guillaume datées du XIe siècle, il a laissé son nom à un ancien manoir du XIXe siècle transformé en hôtel-restaurant, l'un des plus réputés du secteur, le relais Guillaume de Normandy. Cette belle villa datant des débuts de la station balnéaire propose une quinzaine de chambres avec une vue imprenable sur la baie.

Le Relais Guillaume de Normandy.

En décembre 1430, Jeanne d'Arc, prisonnière, aurait transité par Saint-Valery-sur-Somme.

Saint-Valery la battante

Au XIe siècle, Saint-Valery se pare d'une muraille et d'un château pour se protéger, et son abbaye reconstruite entre-temps devient le « verrou du Vimeu ». Mais, en 1197, Richard Cœur de Lion s'empare de la cité et dévaste l'abbaye. Une fois encore, le joyau de la ville est à terre.

Pendant la guerre de Cent Ans, Saint-Valery passe entre toutes les mains : Français, Anglais, Bourguignons. La ville ne sera pas épargnée

Le port de plaisance.

par les pillages, mais elle tient le coup. La puissante forteresse est reconstruite aux XIIIe et XIVe siècles.

Vient la fameuse date de 1430. Nous sommes à quelques kilomètres de Rouen, c'est au tour de Jeanne d'Arc d'entrer en scène, si je puis m'exprimer ainsi. Car la pauvre est alors prisonnière des Anglais et ses jours sont comptés. La Pucelle d'Orléans aurait traversé la ville lors de son terrible périple vers Rouen et aurait même été enfermée dans l'une des tours Guillaume. Légende ou réalité, les historiens ne sont pas tous d'accord sur le sujet... Toujours est-il que l'une des deux tours s'appelle « porte Jeanne-d'Arc ». La ville retrouve paix et prospérité au XVe siècle grâce à son port qui ne va cesser de se développer les siècles suivants. Jusqu'au XVIIIe siècle, le port de Saint-Valery-sur-Somme sera plus important que celui de Dieppe ou de Calais. Réputé pour la qualité de ses harengs, Saint-Valery va également vivre du commerce du drap ainsi que du commerce du sel.

Bien sûr, la ville ne sera pas épargnée par la Révolution. Elle y laissera, cette fois pour de bon, son abbaye et son château, tous deux vendus comme biens nationaux. Mais, qu'à cela ne tienne, Saint-Valery va relever la tête. Comme beaucoup de cités alentour, la ville profitera au XIXe siècle de la vogue des bains de mer. Quelques belles villas viendront défier les modestes maisons de pêcheurs. Le tout-Paris débarque. Anatole France séjourne en 1886 au n°75 du quai Blavet et y écrira une grande partie de *Pierre Nozière*. On retiendra également le nom de Colette, grande amoureuse de la baie de Somme, et de Julien Green (Académie française) qui évoque une forge valéricaine dans *Partir avant le jour*. Tous ont un point commun finalement, celui de pointer du doigt le pittoresque de la cité. Le faste de la station balnéaire inspira moins que ses ruelles médiévales et ses authentiques maisons de pêcheurs... C'est encore vrai aujourd'hui !

Villa témoignant de l'époque des bains de mer.

La porte de Nevers, ancien accès médiéval à la ville.

La cité médiévale

Que reste-t-il du passé tumultueux de Saint-Valery ? Certes, le château et l'abbaye ne sont plus, mais il suffit de fouler les pavés et les ruelles étroites de la vieille ville pour toucher du doigt l'histoire. Saint-Valery se compose d'une ville haute et d'une ville basse. Le cœur historique datant de l'époque médiévale se situe dans la ville haute. Cette dernière conserve une partie de sa muraille fermée par la porte de Nevers construite au XIVe siècle et remaniée deux siècles plus tard. La porte de Nevers donnait jadis directement sur la grève et laisse encore apercevoir les deux baies qui laissaient le passage des chaînes pour remonter le pont-levis. Devant elle se dresse la porte Jeanne-d'Arc, celle-là même où aurait été emprisonnée la Pucelle d'Orléans en partance pour Rouen (une plaque signale son passage le 20 décembre 1430). Il s'agit là d'un des plus anciens vestiges de la ville. Guillaume le Conquérant a connu ces tours construites peu avant son passage, mais elles n'avaient pas tout à fait le même visage. Il faut les imaginer coiffées de toits en poivrière et agrémentées d'un pont-levis qui s'écroula, faute d'entretien, en 1614. Ces tours étaient construites sur un réseau de casemates souterraines qui ont servi de prison pendant la Révolution. Magnifiques à la belle saison, elles se parent d'un œillet rose appelé « l'œillet des croisades ». Tiens, tiens... Autre vestige militaire : la tour Harold, du nom de l'ennemi de ce cher Guillaume. Il n'était pas encore monté sur le trône quand l'émissaire du roi d'Angleterre y fut emprisonné par le comte de Ponthieu, le malheureux s'était échoué au large du Marquenterre... Quelques années plus tard, Guillaume de Normandie qui l'avait fait libérer démarre son périple de Saint-Valery et lui ôte sa couronne. Saint-Valery ne porta décidément pas

Dans les ruelles valéricaines, on retrouve çà et là le style normand.

bonheur au pauvre Harold. La tour qui porte aujourd'hui son nom faillit bien disparaître, il ne reste actuellement que le rez-de-chaussée, restauré par un chantier de jeunes du Club du Vieux Manoir, à l'origine de nombreuses restaurations en Picardie.

Ainsi, la ville haute possède un charme désuet. Ses ruelles étroites et tortueuses, ses pavés, ses maisons à colombages restaurées et souvent fleuries transportent hors du temps. Les remparts délivrent une vue magnifique sur le chenal et sur la baie. Au milieu des vestiges militaires, on tombe également sur un patrimoine religieux remarquable à l'instar de l'église Saint-Martin, inscrite à l'Inventaire des monuments historiques. Située sur le rempart de la tour Gonzague, elle fut construite au XVIe siècle (à l'emplacement d'une première église du XIIe siècle) avec un mélange de galets noirs et de pierre, le tout en damier. Une petite merveille d'art gothique made in baie de Somme ! L'intérieur est tout aussi remarquable. De grandes arcades séparent deux nefs (XIIe et XIIIe siècles), comme deux églises juxtaposées, avec chacune un chœur et un autel. Les chapelles arborent quant à elles fièrement leurs clefs de voûte sculptées et peintes. On comprend en visitant l'édifice la richesse de la cité au XVIe siècle. Les amoureux d'art remarqueront dans l'une des nefs le triptyque Renaissance sur le thème du baptême du Christ et de la Crucifixion ainsi que les ex-voto sous forme de bateaux, autant de remerciements de vies sauvées d'un éventuel naufrage. La tour en brique est beaucoup plus récente, elle fut rajoutée au XIXe siècle pour donner accès au clocher. Sortant de l'église, la promenade des remparts offre une multiplicité de points de vue sur la baie et sur Le Crotoy.

Les orgues de l'église Saint-Martin.

De style gothique classique, l'église Saint-Martin possède un beau décor en damier, alternance de silex noir et de grès.

Autre panorama remarquable : celui de la chapelle des Marins, elle aussi construite en damier de pierre et de galets noirs. Il faut grimper un peu pour mériter ce magnifique tableau. De style néogothique, la chapelle des Marins se révèle moins charismatique que l'église Saint-Martin, mais elle est brandie comme un étendard par les Valéricains. Et pour cause. Edifiée à l'emplacement d'une chapelle du XIIe siècle, elle a vu passer des centaines et des centaines de femmes qui venaient guetter les bateaux de leurs époux, mais aussi des marins qui venaient y prier pour que la pêche soit bonne et remercier le bon Dieu quand tel était le cas…

La place des Pilotes présente encore quelques belles maisons aux volets colorés.

La chapelle des Marins, édifice incontournable. De la chapelle, une vue magnifique sur la baie de Somme vous est offerte.

L'idéal pour découvrir la vieille ville est de s'y perdre et de déambuler le nez en l'air. On y découvre de jolies maisons et on y fait de sympathiques rencontres. Bertrand, qui m'avait déjà fait un cours de prononciation – petit rappel : Saint-Valry et non Saint-Valéry –, m'indique que la place du Maréchal-Joffre a vu séjourner de grands artistes et que la maison aux volets verts est surnommée la maison des peintres. Il ne m'en faut pas plus pour rejoindre la charmante place verdoyante. Celle que l'on surnomme la maison des peintres fut la demeure du peintre Braquaval. Son nom ne vous dit peut-être rien, il est surtout connu localement, mais ceux d'Eugène Boudin et d'Edgar Degas sans doute un peu plus. Figurez-vous que Louis Braquaval (dont on peut voir de magnifiques tableaux au musée Boucher-de-Perthes d'Abbeville) invitait régulièrement les deux impressionnistes dans son fief. Il paraîtrait que les hommes aimaient peindre entre amis et que la lumière de la baie les inspirait plus que toute autre. Edgar Degas a laissé une douzaine de paysages immortalisant la baie de Somme et les ruelles valéricaines, Eugène Boudin, plus d'une soixantaine !

Herbarium des remparts, jardin d'antan

Sur les hauteurs de la ville, niché derrière les remparts, l'Herbarium de Saint-Valery-sur-Somme plonge les visiteurs dans des temps anciens. Peut-être même insoupçonnés. Il y a trente ans, ce jardin, aujourd'hui étonnant de paix, n'était qu'une friche abandonnée. Seul un pommier semblait avoir survécu aux affres du temps et de l'histoire. Et, pourtant, une poignée de passionnés s'est intéressée au lieu et lui a redonné vie, petit à petit. L'Herbarium des remparts n'est pas un jardin comme les autres. De 1792 à 1964, les augustines de l'hôpital l'entretenaient pour « nourrir, vêtir, panser et médicamenter » les malades mais, à leur départ, il est tombé dans l'oubli. Ainsi les membres de l'association Herbarium ont reconstitué ce jardin hospitalier. A partir du pommier, des quartiers ont été créés pour montrer l'extrême diversité des plantes médicinales et de la baie de Somme. Joyeux fouillis de plantes anciennes, ce lieu de fragrances exceptionnelles n'est pas sans nous rappeler les jardins de nos grands-mères. Sur 1 700 mètres carrés se serrent plus de mille espèces étiquetées.

L'Herbarium des remparts présente une grande biodiversité avec plus de 1000 espèces différentes.
© CRT Picardie

Ci-contre
Au Courtgain, quartier historique des marins, les maisons de pêcheurs attirent de nombreux curieux. Certaines ont été transformées en gîte.

Si les bateaux de pêche se font de plus en plus rares dans le port, les plaisanciers apprécient le pittoresque de la cité.

Le Courtgain

En descendant vers le port, les maisons étroites de brique et de torchis, serrées les unes aux autres, annoncent le pittoresque quartier des marins appelé le « Courtgain », en référence aux faibles revenus que percevaient autrefois les marins pêcheurs. Pourtant, la réputation de Saint-Valery est plutôt celle d'une riche cité portuaire. Faites donc l'expérience de parler de Saint-Valery-sur-Somme à un Crotellois (habitant du Crotoy). « Saint-Val, c'étaient les armateurs, les riches »,

m'ont témoigné beaucoup d'entre eux. D'accord, les deux cités se sont toujours regardées du coin de l'œil, voire jalousées parfois. Il est vrai que les armateurs et capitaines habitaient plutôt de ce côté de la baie qu'au Crotoy. Mais les maisons de ces riches personnages ne se situent pas dans le quartier du Courtgain, vous trouverez leurs grandes demeures plutôt du côté des quais. Au Courtgain, vivaient surtout les pêcheurs. Ces hommes s'embarquaient généralement sur les sauterelliers pour pêcher la crevette grise ou sur des navires pour la pêche au hareng. Un dur labeur souvent peu rémunérateur. Néanmoins, pendant des siècles, le port de Saint-Valery a joui d'une activité économique florissante. Dès le XVe siècle, le port s'est développé grâce au commerce du vin. Du vin, oui. Aussi surprenant que cela puisse paraître, la Picardie était aux XIVe et XVe siècles une grande région viticole ! Propagée en Gaule sous la domination romaine, la vigne s'est largement répandue dans les régions du nord au Moyen Age. Au XIVe siècle, dans le département de la Somme, la vigne était cultivée dans 318 com-

Le musée Picarvie remonte les aiguilles du temps

Le musée Picarvie vous plonge dans la vie d'autrefois.

Saint-Valery transpire l'histoire, c'est indéniable. Son patrimoine, ses ruelles mais aussi ses musées, tout nous rappelle le riche passé de la cité. Quai Romerel, le musée Picarvie s'attache à raconter la vie des Picards d'autrefois. Pendant près de trente ans, Paul Longuein, le fondateur du musée, a rassemblé et collectionné entre 6000 et 7000 outils racontant les activités agricoles et ouvrières du siècle dernier et objets liés à la vie domestique. A partir de son incroyable collection, il a reconstitué des univers et des scènes typiques de jadis. On rédecouvre le travail du vannier, celui du charron, du serrurier ou encore du forgeron, ainsi que toutes les activités plus particulièrement développées en baie de Somme comme l'exploitation de la tourbe, la culture de l'osier et bien sûr l'industrie de la petite serrurerie du Vimeu tout proche.

munes. Rien qu'à Amiens, on comptait une centaine de familles de vignerons (Source : « La vigne en Picardie » d'Albert Demangeon dans les *Annales d'histoire économique et sociale*, 1929). Les ports de Saint-Valery et du Crotoy faisaient partie intégrante de ce commerce, ils recevaient par mer notamment les chargements de vin gascon qu'ils expédiaient ensuite par la Somme vers Abbeville, Amiens et Corbie d'où il était redistribué à travers le pays.

Puis vint le temps du hareng. Aux XVIe et XVIIe siècles, Saint-Valery est réputé pour la qualité de ses harengs. Toute la ville semble alors vivre au rythme des pêches. Les hommes partent en mer et les femmes – les harenguières – sont chargées de saler les poissons et de les disposer par couches dans des barils. Saint-Valery gardera cette réputation jusqu'au milieu du siècle dernier avant que l'ensablement de la baie ne condamne l'entrée de son port. Mais la mémoire des Valéricains semble intacte. Chaque année, le week-end du 15 août, les habitants honorent la mer et les marins avec une telle ferveur que les spectateurs ne peuvent qu'en être émus. Les festivités se déroulent presque exclusivement au Courtgain, le long des deux ruelles qui composent le quartier : la rue des Moulins et celle des Pilotes. Les matelotes déambulent, le sourire aux lèvres, avec leur châle brodé et leur coiffe « boulonnaise ». Les maisons se sont parées pour l'occasion de filets de pêche et de fleurs aux couleurs multiples. Le dimanche, une messe est traditionnellement donnée en mémoire des marins disparus en mer avant qu'une grande procession parte en mer jeter une gerbe. Les fêtes de la mer de Saint-Valery en disent long sur le passé maritime et sur les traditions qui en ont découlé, encore très vives aujourd'hui.

Le port de plaisance au petit matin.

Grand port de France

Le port de Saint-Valery ne s'est pas arrêté au poisson, au XVIIIe siècle, il apparaît comme un des plus grands ports de commerce du royaume. Avec Calais, il est le seul à pouvoir recevoir les draps anglais ! Les chantiers navals de la ville construisent des navires à tour de bras. Le commerce vient de partout. En 1736, un gigantesque entrepôt est bâti pour le commerce du sel. Toujours debout aujourd'hui (mais à l'état d'abandon), sur le quai Lejoille, il garde le souvenir de l'importation de sel de Brouage ou de Marennes. L'ancien entrepôt pouvait stocker jusqu'à 20 000 tonnes de sel ! Il s'agit là du dernier exemple subsistant en France d'entrepôt aux sels de cette ampleur. Malheureusement, le trafic de toutes ces marchandises fut freiné au fil du temps par l'ensablement de la baie. La profondeur du port diminue d'année en année. Chaque jour,

Le baliseur Somme II

Quoi de mieux pour découvrir la baie de Somme que de la parcourir en bateau ? Au départ du port de Saint-Valery-sur-Somme, le baliseur *Somme II*, ancien bateau de service qui servait à signaler les bancs de sable aux navigateurs, emmène les curieux à la découverte des richesses de cet estuaire labellisé Grand Site de France. Classé Monument historique depuis 2000, le baliseur *Somme II* a été construit spécialement pour sillonner la baie de Somme. Unique en son genre, il a arpenté pendant près de cinquante ans les 15 kilomètres de chenal. Aujourd'hui, il continue à naviguer, grâce à l'association Rando-Nature qui organise des sorties en mer sur de nombreuses thématiques : patrimoine maritime, faune, flore, pêche et même contes et légendes !

Le baliseur *Somme II* emmène désormais les visiteurs à la découverte de la baie de Somme.

Une histoire rocambolesque

Les écluses de Saint-Valery-sur-Somme.

Port de pêche et de commerce florissant dès le XVe siècle, Saint-Valery-sur-Somme a été très tôt l'objet de toutes les attentions. En 1777, un bras de la Somme à Saint-Valery est obstrué par le sable (eh oui, déjà à l'époque), il faut intervenir. Les autorités envisagent la réalisation d'un canal maritime entre Saint-Valery et Abbeville, elle aussi à son apogée au XVIIIe siècle. En 1785, Louis XVI ordonne la construction du canal de la Somme. L'idée ? Le relier au canal de Saint-Quentin, qui assure le lien avec le nord de la France, la Hollande et le Bassin parisien. Les travaux débutent l'année suivante, mais la nature et les propriétaires des prés salés donnent du fil à retordre aux hautes instances. C'est finalement Napoléon qui relancera les travaux avec pour idée de faire de Saint-Valery un port de guerre. Les travaux de terrassement sont réalisés par des prisonniers espagnols. Sous la Restauration, on double la rivière par le canal maritime. Fausse bonne idée. C'est ce qui causera le déclin du port valéricain. La canalisation isole les marais, favorise l'assèchement et stoppe les divagations de la Somme.

le sable grignote un peu plus de terrain et tous les projets mis en place pour retarder ou inverser la tendance n'ont pas fonctionné. Pourquoi la baie s'ensable ? Vous vous en doutez, il n'y a pas qu'une seule cause, mais on sait aujourd'hui que c'est sans doute l'intervention de l'homme qui a accru le problème. Certes, la marée et les vents d'ouest jouent un rôle important dans l'ensablement (comme dans toutes les baies), mais la canalisation de la Somme et du chenal ainsi que les endiguements successifs ont freiné l'effet de chasse naturelle. Plutôt que de repartir au large, le sable reste accroché au port. Et les bancs de sable barrent la route aux bateaux.

Pourtant, la pêche reste bien présente dans tous les esprits. Le long des quais, les magnifiques villas ont souvent appartenu aux armateurs et aux grands capitaines de marine. Les quais portent d'ailleurs le nom de célèbres capitaines qui ont servi à la Révolution ou sous Napoléon. Le quai Lejoille fait référence à un enfant du pays, fils d'un capitaine de navire devenu mousse à 7 ans. Nommé lieutenant de vaisseau en 1793, Jean Louis Nicolas Lejoille se distingue en 1795 en remportant une victoire contre un vaisseau anglais, ce qui était plutôt rare à l'époque ! Autre grand navigateur né à Saint-Valery et à avoir laissé son nom à un quai : Jean-Baptiste Pérée dit « l'Intrépide ». Il fut l'un des grands talents maritimes de la Révolution, son nom est inscrit sur l'Arc de triomphe. Comme Lejoille, Pérée mourut en mer prématurément. Ainsi, ces quais sont bordés par de luxueuses villas, généralement du XIXe siècle, et qui appartenaient à plus de quatre-vingts familles d'armateurs et de capitaines de renom de Saint-Valery.

Les bains de mer

Au bout du quai Jeanne-d'Arc, le quai Courbet, également bordé de demeures de toute beauté, évoque l'histoire des bains de mer. Saint-Valery-sur-Somme n'a pas échappé à la mode. La ligne de chemin de fer construite au milieu du XIXe siècle favorisa la venue de la bonne société parisienne mais pas seulement. On note aussi la présence de grands patrons venus de Lille, Compiègne ou encore Amiens. A l'époque, la chasse à la hutte attire de nombreux voyageurs qui voient en cette activité un moment de détente à passer seul ou entre amis de même rang...

Villas rappelant l'époque des bains de mer. En 1854, la municipalité créait les « bains de la ville ».

Ambiance normande dans la vieille ville.

pratique plus aujourd'hui, mais les visiteurs sont toujours bel et bien au rendez-vous. Entre la vieille ville et ses ruelles pavées fleuries d'un patrimoine remarquable, son port resté authentique et ses grandes étendues de nature sauvage, Saint-Valery-sur-Somme demeure une valeur sûre. Une petite cité au caractère bien trempé qu'on ne se lasse de découvrir.

Face à face, les éternels rivaux : Saint-Valery-sur-Somme au premier plan, Le Crotoy au second, que l'on distingue grâce aux Tourelles.

En 1854, la municipalité crée les « bains de la ville » et aménage la tour Harold en salon pour les baigneurs. Les vacanciers logent dans de somptueuses villas, se promènent sur les chemins de planches et se changent dans les petites cabines construites à cet effet. Un casino étale son faste sur la digue, mais il est détruit au cours de l'été 1916 lors de la sanglante bataille de la Somme. Le casino actuel ne date que de la fin du siècle dernier. L'économie touristique va grandissant, les Valéricains comprennent très vite l'intérêt de séduire ces nouveaux vacanciers. Au pied de la vieille ville, d'anciennes habitations sont transformées en hôtels et, le long de la baie, les résidences secondaires poussent comme des champignons. Outre les plaisirs « iodés », le caractère et l'ambiance médiévale qui se dégagent de la cité séduisent les citadins. Ils s'adonnent à de multiples activités : la chasse, mais aussi la marche – Saint-Valery permet de nombreuses promenades en baie et dans l'arrière-pays –, sans oublier le bateau. Le remorqueur *Le Picardie* emmène les touristes en balade quand il ne guide pas les plaisanciers et les navires de pêche. La vie est à la fois douce et foisonnante à Saint-Valery. L'activité des bains de mer ne se

Un fleuve paresseux mais majestueux !

C'est à Saint-Valery-sur-Somme que se jette la Somme après un long périple de 245 kilomètres, débuté dans l'Aisne à Fonsommes, non loin de Saint-Quentin. Le moins que l'on puisse dire, c'est qu'elle n'est pas pressée d'arriver. La Somme rejoint le bord de mer en traînant presque les pieds. Mais, quand on regarde d'un peu plus près son parcours, on comprend finalement un peu mieux pourquoi elle a envie de prendre son temps… Avant de retrouver la jolie cité médiévale de Saint-Valery, la Somme traverse des villages bucoliques aux noms enchanteurs : Frise, Feuillères, Picquigny, Ham, Pont-Remy, Eaucourt-sur-Somme… Un moulin par-ci, un château par-là, une église romane par-ci, un site de mémoire par-là. Remonter la Somme, c'est remonter l'histoire de la Picardie, mais c'est surtout traverser des paysages à couper le souffle. En sillonnant à son rythme le département, le fleuve laisse derrière lui des paysages de marais, des vallées parsemées d'étangs. On y pêche l'anguille (interdite à l'heure actuelle à la consommation) ou encore la truite, on explore les hortillonnages d'Amiens, véritables jardins flottants, on s'étonne devant les tours de l'abbaye bénédictine de Corbie qui surgissent entre les étangs et la falaise qui borde la Somme ou devant les ruines du château de Picquigny dans lequel le 29 août 1475 fut signé le traité mettant fin à la guerre de Cent Ans !

Un grand projet de véloroute et de voie verte le long du fleuve est en cours de réalisation. Mais, pour l'heure, il est déjà possible de parcourir les 15 kilomètres qui séparent Abbeville de Saint-Valery-sur-Somme sans croiser une seule voiture (ou presque) ! Sous les peupliers, les cyclistes suivent le cours de la Somme

Le château de Long dominant la Somme.

Du belvédère de Vaux, un sentier pédestre permet aux promeneurs d'arpenter le larris de la montagne de Vaux.

Le belvédère de Vaux

Au cœur de la Haute-Somme, le belvédère de Vaux offre un magnifique point de vue sur les paysages façonnés par le fleuve. En serpentant jusqu'à Saint-Valery, la Somme donne vie à une kyrielle d'étangs très prisés par les pêcheurs. Dès le Moyen Age, la vallée de la Haute-Somme est découpée en étangs qui, une fois aménagés, produisent de l'énergie hydraulique ou servent à la pêche. Surplombant la vallée, le belvédère offre un panorama exceptionnel sur ces points d'eau, sur les anguillères (pièges servant à capturer les anguilles), sur les marais tourbeux ainsi que sur les roselières. Un sentier invite à prolonger la découverte en parcourant le larris où se développent une faune et une flore insolites et où paissent quelques chèvres, débroussailleuses hors pair !

Vue du belvédère sur les étangs et entrelacs.

via le chemin de halage et croisent quelques curiosités comme le pont tournant du hameau de Petit-Port. L'ancienne habitation du pontier, qui était chargé d'actionner le pont tournant pour laisser passer les embarcations, a été transformée en gîte. Impossible de rater cette étonnante demeure, elle est pratiquement la seule sur le parcours et surtout elle est toute de jaune vêtue. Non loin de là, le café Au repos des pêcheurs – c'est vrai qu'ils sont nombreux à taquiner le goujon – mérite lui aussi que vous posiez vos vélos. Au bord de l'eau, l'établissement semble être figé au milieu du siècle dernier. Avec ses cases bien abritées sous la végétation, la terrasse est, en saison, un endroit idéal pour déguster le cidre artisanal à l'abri de toute agitation urbaine ! C'est un décor champêtre et particulièrement verdoyant qui s'offre aux promeneurs. En arrivant à Saint-Valery, les plus courageux peuvent embrayer sur la piste cyclable qui fait le tour de la baie (24 kilomètres) et même rejoindre la voie verte de Quend-Plage pour découvrir le parc du Marquenterre. Ceux qui achèveront le périple à Saint-Valery s'émerveilleront du spectacle qui voit la Somme se jeter dans la Manche en formant une large échancrure...

Abbeville, une capitale ressuscitée

A quelques battements d'ailes du bord de mer, Abbeville a mis du temps pour se remettre de son passé tumultueux, mais elle l'a fait. Reliée à la baie de Somme par le canal de la Somme, elle fait aujourd'hui figure de capitale. Le 20 mai 1940, Abbeville est pourtant à terre, emportée par une pluie d'obus allemands. En une seule journée, la ville est détruite aux trois quarts et perd deux mille cinq cents âmes. Près de mille ans d'histoire réduits en poussière. Il y a encore quelques années, Abbeville souffrait de cette image de ville « reconstruite » mais, d'aménagement urbain en restauration d'édifice, la capitale du Ponthieu a retrouvé peu à peu ses lettres de noblesse.

Page de gauche
La collégiale Saint-Vulfran et sa façade gothique flamboyant.

La place Max-Lejeune et son kiosque à musique.

Le musée Boucher-de-Perthes

Avant d'arriver sur le bord de mer, j'aime m'arrêter, l'espace de quelques heures, dans cette ville, pour profiter de sa douceur de vivre ou tout simplement pour contempler l'exposition présentée au musée Boucher-de-Perthes. « Boucher-de-Perthes » car c'est à Abbeville que le père de la préhistoire découvrit en 1844 plusieurs haches de silex taillé. Des trouvailles qui lui permirent de prouver l'existence de l'homme dès le paléolithique ancien. L'homme « antédiluvien » était né et la science préhistorique avec. Le musée présente bien sûr une importante collection de pièces archéologiques, de l'outillage lithique aux armes et bijoux des âges du bronze et du fer en passant par les céramiques et verreries de l'époque gallo-romaine. Mais ses collections ne s'arrêtent pas là. Le musée Boucher-de-Perthes s'inscrit dans la pure lignée des musées du XIXe siècle à vocation encyclopédique. On retrouve ainsi une section dédiée à l'art médiéval avec quelques belles sculptures picardes, mais aussi des peintures des XVIIe, XVIIIe et XIXe siècles. Comment rester insensible devant les œuvres des peintres picards qui ont su comme personne immortaliser les lumières changeantes de l'estuaire ? Le *Coucher de soleil en baie de Somme* de Louis Braquaval, mort à Saint-Valery-sur-Somme, me procure à chaque fois la même émotion, tout comme *Les Filets volés* de Tattegrain. La section consacrée aux sciences naturelles permet quant à elle de faire connaissance avec les petites et grosses bêtes qui peuplent la baie. Les enfants y trouvent leur compte surtout quand ils se retrouvent nez à nez avec le pingouin d'Atlantique du Nord. Les collections comptent des spécimens venus d'ailleurs, en voie de disparition ou même disparus pour de bon. Vous l'avez compris, c'est un musée dans lequel il faut prendre son temps. Une fois à l'intérieur, vous en conviendrez à coup sûr. Le musée abbevillois s'établit dans le beffroi de la ville. L'un des six beffrois picards classés au Patrimoine mondial de l'Unesco. L'un des plus anciens de l'Hexagone aussi.

Le musée Boucher-de-Perthes présente une importante collection de pièces archéologiques, allant de l'outillage aux armes en passant par les bijoux.

Les collections archéologiques du musée Boucher-de-Perthes s'étendent du paléolithique à l'époque mérovingienne.

Boucher de Perthes

Le fondateur de la préhistoire n'est pas né à Abbeville, mais il y a passé une grande partie de sa vie. Au départ, Jacques Boucher de Crèvecœur de Perthes n'est qu'un simple douanier. En 1825, il se voit nommé directeur du bureau des douanes d'Abbeville. A l'époque déjà, les découvertes d'ossements fossiles se multiplient dans les tourbières et sablières alentour. L'homme est curieux, érudit et collectionneur. Il écrit des romans, des nouvelles mais aussi des satires. A la fin des années 1830, il devient président de la Société d'émulation d'Abbeville. Boucher de Perthes s'intéresse alors sérieusement à l'homme et à sa création. Il traîne dans les chantiers de fouilles et, de recherches en recherches, il découvre en 1844 des outils en silex à côté d'ossements de grands mammifères disparus depuis le pléistocène. Il prouve ainsi la présence de l'Homme à cette période. Ses idées dérangent, il mettra quelques décennies à les faire reconnaître et accepter. Il usera même de supercheries pour convaincre la communauté scientifique, mais aujourd'hui son nom retentit encore comme celui d'un génie farfelu, fondateur de la préhistoire.

Fondateur de la préhistoire, Boucher de Perthes va découvrir près d'Abbeville des outils de silex du néolithique.

Le beffroi du XIIe siècle a conservé sa structure massive.

Chef-d'œuvre du gothique flamboyant picard, l'édification de la collégiale Saint-Vulfran fut entamée à la fin du XVe siècle.

Un beffroi, une collégiale… un patrimoine remarquable

Avant de subir les affres du XXe siècle, Abbeville était une grande dame, peuplée pendant bien longtemps par de riches bourgeois. Qui dit beffroi, dit bien souvent commerce. Au XIe siècle, Abbeville était un port régi par les comtes du Ponthieu. C'est d'ailleurs de ce port qu'en 1096, Godefroi de Bouillon rassemble les chevaliers flamands et normands en partance pour la première croisade. Seul port maritime de la Manche à l'époque, la cité prospère grâce à la fabrication du drap et au commerce avec le golfe de Gascogne. En 1184, elle obtient une charte de commune et le beffroi, signe de la liberté communale, est érigé en 1209. La tour de l'époque a bien souffert comme l'ensemble des monuments de la ville, mais sa structure massive subsiste. Dans la haute salle du premier étage, une exposition retrace les grandes dates de son histoire ainsi que celles de la ville. La salle basse apparaît comme l'une des plus spectaculaires. On raconte qu'une cage était suspendue par des chaînes au milieu de la pièce et que l'on y enfermait les malfrats… Les XIVe et XVe siècles marquent un tournant dans l'histoire de la cité. Anglais puis Bourguignons vont régner sur la capitale du Ponthieu jusqu'en 1477, date à laquelle Louis XI la rattache au royaume de France.

Une nouvelle ère commence. On décide la construction de la collégiale Saint-Vulfran, véritable joyau de la ville et seule rescapée de la Seconde Guerre mondiale.

Saint-Vulfran étonne par ses dimensions tout d'abord : 55 mètres de hauteur. Puis par son architecture, typique du gothique flamboyant tardif. Que dire de sa façade impressionnante avec ses deux hautes tours symétriques, sa statuaire richissime et sa rosace particulièrement travaillée. Attardez-vous sur le portail de gauche, il en dit long sur l'histoire de la cité.

On le doit au cardinal d'Amboise (premier ministre de Louis XII). Saint Eustache, le patron des marchands de draps et chaussetiers, y est représenté avec de longues chaussettes. Abbeville et le drap, c'est une longue histoire d'amour. Au XVIIe siècle, sous le règne de Louis XIV, la ville connaîtra d'ailleurs un essor sans précédent. En 1665, Colbert invite l'industriel hollandais Josse Van Robais à se fixer à Abbeville pour y établir une manufacture royale de draps fins. La manufacture royale des Rames emploiera au XVIIIe siècle jusqu'à 2 500 employés et plus de 250 tisserands. Tout était fait sur place, du filage à la teinture en passant par le tissage, ce qui était extrêmement rare pour l'époque.

Mais revenons à notre joyau architectural. Cette collégiale qui vous fait face ne s'est pas construite en un jour, ni en un siècle. Elle n'a d'ailleurs jamais été réellement achevée.

Les travaux débutent en 1488 pour ne cesser qu'à la fin du XVIe siècle. La façade, la nef et les tours sont construites de 1488 à 1539, mais les travaux doivent être interrompus faute de moyens. Il faut du temps avant que les Abbevillois se remettent des dominations successives des Anglais et Bourguignons. Le chœur ne sera achevé qu'un siècle plus tard grâce aux bourgeois de la ville et aux paroisses alentour qui financèrent le reste des travaux. A l'intérieur, c'est le volume qui frappe, 34 mètres sous nef... On pourrait y faire entrer le beffroi !

Saint-Vulfran impressionne par la profusion de ses statues.

Ci-contre
À l'intérieur, c'est le volume qui frappe au premier regard.

Des arches, des piliers cannelés, des forêts de nervures, quelle finesse ! Les chapelles latérales abritent des œuvres remarquables comme un retable sur le Jugement dernier ou encore une Vierge d'argent. Et dire qu'elle aurait pu disparaître. Non seulement elle mit plus d'un siècle à être construite, mais en plus les urbanistes des siècles suivants ne l'ont pas épargnée... Bien avant que les bombardements de 1940 ne la touchent, elle faillit mourir... de soif ! Construite à l'origine sur pilotis, elle était entourée d'eau. Mais, comme tout siècle a sa mode, les urbanistes du XIXe siècle asséchèrent ses pourtours. Sauf que dame Vulfran n'apprécia guère ce manque d'eau, le taux d'humidité chuta et la pierre calcaire s'assécha et s'effrita... Sans l'intervention de Viollet-le-Duc qui sensibilisa les autorités, la collégiale aurait sans doute un visage bien différent aujourd'hui.

Chapelle des saints Anges et saint Luc, le retable du Jugement dernier.

Statues, retables, nef sculptée, piliers... L'intérieur de la collégiale regorge de trésors.

La Capucine, magnifique maison du XVIe siècle

Abbeville a conservé quelques belles maisons de sa grande époque drapière. Parmi elles, la Capucine, une magnifique demeure du XVIe siècle située rue des Capucins, complètement restaurée en 2006 par un couple du nord de la France. Claire Otdjian et son compagnon le peintre plasticien Baudouin Luquet ont acquis cette maison de caractère alors à l'abandon en 2005 et lui ont redonné vie à coups de matériaux d'époque et d'objets chinés partout dans la région. Carrelage pierre de Bourgogne, évier en pierre d'époque, escalier du XVIIIe siècle, un voyage dans le temps que Claire et Baudouin ont choisi de partager avec les amoureux de vieilles pierres en ouvrant une chambre d'hôte au dernier étage de leur maison. Les pièces de La Capucine se succèdent mais ne se ressemblent pas. Chacune évoque une ambiance particulière, une époque, un pays... Les carreaux de Desvres, le four à pain et les multiples ustensiles d'antan accrochés au mur de la cuisine rappellent l'odeur enivrante des bonnes soupes de grands-mères tandis que le hall s'est transformé au fil du temps en cabinet de curiosités... Une halte singulière si vous êtes de passage à Abbeville.

La Capucine, qui abrite une chambre d'hôtes, est l'une des plus anciennes maisons d'Abbeville.

La cuisine regorge d'objets chinés dans la région.

Le salon de lecture abrite les œuvres d'art de Baudouin, peintre plasticien.

L'église Saint-Sépulcre.

L'empreinte de Manessier

A Abbeville, il y a Saint-Vulfran, mais il y a aussi Saint-Sépulcre, une église construite au XVe siècle dont il ne reste plus grand-chose de l'époque médiévale si ce n'est la tour du clocher, les piliers de la nef et la chapelle. En soi, Saint-Sépulcre est une très belle église mais comme il en existe beaucoup dans notre beau pays. Néanmoins Saint-Sépulcre a quelque chose d'exceptionnel : ses vitraux. Et là, croyez-moi, peu d'églises en France peuvent s'enorgueillir d'une si belle série. En 1993, juste avant de disparaître brutalement dans un accident de voiture, Alfred Manessier livre à l'édifice 300 mètres carrés de vitraux d'une intensité prodigieuse. Le peintre a passé une partie de son enfance dans le quartier de Thuison mais garde de Saint-Sépulcre pour ainsi dire de douloureux souvenirs. « Ce lieu a été comme une cassure dans mon univers enfantin, le tombeau de ce monde poétique. Et voici qu'après plus de soixante-dix ans, elle devient ma joie et ma consolation. » Manessier a douté avant de répondre favorablement à l'inspecteur général des Monuments historiques François Enaud. L'édifice lui rappelle sa mère malade et son père désœuvré face à la maladie de son épouse. Mais Manessier finit par accepter. Il réalisera là sans doute le chef-d'œuvre de sa vie. Un hymne à la lumière. Tel un chef d'orchestre, Manessier a conçu une symphonie de couleurs et de symboles. Il déclare d'ailleurs dans son discours avoir « travaillé comme un

Les piliers de l'église illuminés par les rayons de soleil tamisés par les vitraux d'Alfred Manessier.

Construite au XVIe siècle, l'église Saint-Sépulcre fut en grande partie remaniée au XIXe siècle par Viollet-le-Duc.

musicien en demandant à chacune de ses pièces de verre de faire un silence ou un bruit ». Le résultat est saisissant. Treize verrières sur les trente et une racontent la vie du Christ d'une façon bien moins réaliste que d'ordinaire. A droite du transept, le vent semble souffler sur les blés tandis qu'un peu plus loin de multiples couleurs se répondent pour illustrer le *Chaos après la mort de Jésus*. A certaines heures de la journée, lorsque le soleil transperce les vitraux, toutes les couleurs se projettent sur la pierre blanche. Quelle émotion ! Saint-Sépulcre est ouverte toute l'année au public, ce qui n'est malheureusement pas toujours le cas des églises qui détiennent de tels joyaux, profitez-en.

Trois cents mètres carrés de vitraux entourent le chœur et la nef de Saint-Sépulcre.

Le jardin d'Emonville et l'ancien hôtel particulier d'Arthur Foucques d'Emonville, richissime botaniste.

Le parc de la Bouvaque, véritable poumon vert.

Balade verte en ville

Abbeville possède ainsi un remarquable patrimoine bâti entre son beffroi, ses édifices religieux et ses quelques rues encore pourvues d'hôtels particuliers et de maisons à pans de bois. Mais, lorsque la météo est de la partie, Abbeville se prête également à la flânerie. Reconnue pour sa douceur de vivre avec ses ruelles fleuries et ses sentiers le long de la Somme, Abbeville abrite deux poumons verts en cœur de ville. Très différents l'un de l'autre, on y fait de surprenantes trouvailles… Direction tout d'abord la place Clemenceau pour découvrir un jardin public hors du commun. Que peut faire un tulipier de Virginie ou encore un ptérocaryaer du Caucase en plein cœur d'Abbeville ? Pour comprendre, il faut remonter aux années 1860. Arthur Foucques d'Emonville, richissime botaniste, se passionne pour la terre et les camélias… Alors, en 1861, il décide de faire construire autour de son hôtel particulier d'immenses serres pour accueillir ses quelque quatre mille plantations. Fou de nature, il importe également des arbres venus du monde entier. Cent cinquante années se sont écoulées et certains trônent encore fièrement dans le parc. On notera la présence d'un magnifique cèdre du Liban, d'un *Sequoia giganteum* ou encore d'un *Ginkgo biloba*, connu sous le nom « d'arbre aux quarante écus », seule espèce à avoir résisté à Hiroshima… Tout en courbes et parsemé de bassins, ce jardin paysager anglo-chinois affiche une ambiance romantique propre au XIXe siècle. Sur le côté, un accès au jardin des Carmel permet de découvrir l'ancien verger des carmélites. Resté tel qu'il était au départ des religieuses dans les années 1980, il regorge de pommiers, poiriers, pêchers et figuiers qu'elles vendaient autrefois sur le marché. Une véritable invitation à la méditation.

Dans un tout autre style, le parc de la Bouvaque déploie ses 60 hectares de nature sauvage au nord-est de la ville, le long du boulevard de la République. Son nom serait issu des mots *bos* (bœuf) et *vacca* (vache), les habitants y faisaient paître leurs bovins dans les marais. Installée sur une petite île proche de l'étang principal, une hutte permet d'observer un beau panel d'oiseaux tels que le héron cendré, le martin-pêcheur ou encore le grèbe huppé. Côté flore, cent quatre-vingts espèces herbacées ont été répertoriées parmi lesquelles la fritillaire, une vivace très peu courante dans la région que l'on reconnaît à son bulbe. Elle fait partie de la même famille que les tulipes. Au détour d'un chemin boisé, surprise ! Des sources bleu turquoise surgissent de nulle part... Aussi surnaturel que cela puisse paraître, ce phénomène s'explique pourtant simplement. Ces sources se trouvent dans les massifs calcaires. Leur couleur est produite par les différences de température entre l'eau de surface et l'eau provenant des profondeurs.

Beffroi, collégiale, musée, parcs et jardins... Abbeville a pris sa revanche sur l'histoire et s'affiche aujourd'hui comme une destination touristique riche en découvertes.

Construit en 1750 par Josse Van Robais, le château de Bagatelle n'était à l'origine qu'un pavillon de trois pièces.

Le château a été inscrit Monument historique en 1926.

Le château de Bagatelle et ses jardins somptueux

C'est ce que l'on appelle une « folie ». Et quelle folie en effet ! Au XVIIe siècle, sous l'impulsion de Louis XIV et de Colbert, la grande famille d'industriels hollandais Van Robais s'installe à Abbeville. De leur venue naîtra l'une des plus grandes manufactures royales de draps fins du royaume, mais aussi une magnifique demeure située sur la route de Paris en allant vers le village d'Epagne-Epagnette. Au départ, le château n'est qu'un petit pavillon de chasse destiné à accueillir les clients de la famille. Il sera rehaussé d'un étage quelques années plus tard et agrémenté de magnifiques jardins au XIXe siècle par la famille de Wailly. Ouvert au public au printemps et pendant la période estivale, le château de Bagatelle offre un ensemble unique de boiseries peintes, de mobilier et de décorations d'époque. Demeure aujourd'hui familiale, le château conserve tout le charme d'une maison habitée. Son jardin à la française et son parc à l'anglaise agrémenté d'essences rares invitent inéluctablement à la flânerie.

Noyelles, la baie côté campagne

Novembre 1919, une inconnue arrive en gare de Noyelles-sur-Mer. Bessie Coleman est jeune, noire, elle a décidé de fuir son Amérique natale où règne un climat de haine pour les siens. Les plus violents lynchages et émeutes raciales de l'histoire de l'Amérique se succèdent entre juin et décembre 1919 et plus particulièrement à Chicago où habite la jeune Bessie. Ses frères, de retour de la Grande Guerre, lui avaient vanté les prouesses de l'aviation française et notamment le rôle important des femmes durant le conflit. Voler ? Son rêve... Mais, aucune école américaine d'aviation ne l'ayant acceptée, elle décide de s'envoler seule vers la France. Dans son ouvrage *Les Ailes noires* (dont je vous conseille vivement la lecture), Jacques Béal retrace le destin étonnant de la première femme pilote afro-américaine venue apprendre le pilotage au Crotoy dans l'école des frères Caudron. A sa mort, en 1926, « Queen Bess » est aussi populaire que certaines chanteuses de jazz de l'époque. Des milliers de personnes assistent à son enterrement (elle décède suite à un accident d'avion). Pourquoi évoquer cette jeune femme dans ces quelques pages consacrées à Noyelles ? Parce que Bessie Coleman fait partie de la longue liste des personnalités entrées dans l'histoire à avoir emprunté un jour ce fameux train de la baie de Somme et donc à s'être arrêtées en gare de Noyelles-sur-Mer. Quelques années plus tôt,

Page de gauche
Les moutons des prés salés, véritables emblèmes de la baie de Somme.

Vue du petit train de la baie de Somme sur les prés salés de Noyelles-sur-Mer.

Toulouse-Lautrec, invité par son ami l'écrivain Maurice Joyant, rejoignait Le Crotoy via le train pour passer quelques jours dans une maison appelée Les Mouettes blessées. Il y eut aussi Colette, grande amoureuse de la baie de Somme et du Crotoy, ou encore Anatole France qui rédigea son recueil de souvenirs d'enfance *Pierre Nozière* à Saint-Valery-sur-Somme en 1899. « Je ne suis pas valéricain de naissance, mais je le suis peut-être devenu d'une certaine manière, au fil du temps, par le cœur, et même la raison », écrivait-il. Tous empruntèrent cette même voie pour rejoindre leur petit coin de paradis respectif. Tous empruntèrent ce chemin de fer créé en 1887 pour amener les touristes, de plus en plus nombreux, aux stations balnéaires naissantes.

Le petit train de la baie de Somme transporte chaque année près de 130 000 voyageurs.

Le petit train de la baie

C'est en 1858 que la Compagnie du Nord ouvre un embranchement en gare de Noyelles-sur-Mer sur la ligne Paris-Calais. L'objectif ? Rejoindre Saint-Valery-sur-Somme dont le port est très actif. Vers 1880, le port de Saint-Valery est desservi par une dizaine d'allers-retours quotidiens, dont certains en pleine nuit. La fin du XIXe siècle signe également le développement des bains de mer et la côte picarde n'échappera pas à la règle, bien au contraire. Ault, Cayeux, Saint-Valery, Le Crotoy se parent de villas balnéaires et les plages de sable et de galets voient arriver les premières cabines. Deux lignes de chemin de fer sont construites en juillet et en septembre 1887 pour répondre à ce nouvel engouement : la ligne Noyelles-Le Crotoy et la ligne Noyelles-Cayeux qui passe par le nouveau quartier en vogue de Brighton-Plage et bien sûr par Saint-Valery. Pendant des années, les locomotives transporteront les voyageurs ainsi que les marchandises (galets, poissons, etc.). Mais les guerres, l'ensablement de la baie de Somme qui condamna les ports et surtout la concurrence de la route auront raison de ces deux lignes. La voie Noyelles-Le Crotoy cesse son activité le 31 décembre 1969, celle de Noyelles-Cayeux trois ans plus tard. La petite histoire aurait pu s'achever ainsi, mais c'était sans compter sur la pugnacité de quelques passionnés, bien décidés à ne pas voir ce patrimoine tomber dans l'oubli. En 1970, l'association Chemin de fer de la baie de Somme voit le jour avec l'idée d'exploiter touristiquement la voie Noyelles-Le Crotoy. Très vite, l'idée séduit les acteurs touristiques et les habi-

De Noyelles, le petit train de la baie de Somme mène au port de Saint-Valery-sur-Somme.

tants de la région. Les membres de l'association relèvent leurs manches et restaurent le matériel, une locomotive ainsi que la voie de chemin de fer. Un an plus tard, le 4 juillet 1971, le premier train circule. Deux mille voyageurs seront transportés cette année-là. Dans les années 1980, l'activité de ces passionnés du rail et le rôle touristique de ces machines d'autrefois commencent à être reconnus. L'association reçoit un grand soutien de la part des collectivités et peut continuer à restaurer des locomotives et ainsi accroître le nombre de voyageurs. En 2000,

Immersion dans la campagne de Noyelles-sur-Mer.

la ligne Cayeux-Noyelles, depuis longtemps interdite aux machines à vapeur à cause de sa vétusté, signe elle aussi son grand retour avec une gare fraîchement rénovée en prime. En trente ans, le petit train de la baie s'est petit à petit imposé dans le paysage de la baie de Somme. Incontournable aujourd'hui, il transporte plus de 130 000 voyageurs chaque année ! Tracté par une locomotive à vapeur ou une Diesel des années 1950, ce train touristique sillonne à 20 kilomètres par heure les marais, cultures et autres mollières peuplées de moutons de l'estran.

Grâce à l'association Chemin de Fer de la Baie de Somme, le train des bains de mer sillonne toujours la baie.

Les moutons de l'estran devant Le Crotoy.

Les vaches écossaises Highland Cattle.

Le royaume des moutons

Pour les voyageurs du petit train de la baie, c'est le dépaysement. Le tortillard trace sa route au milieu des prés salés, une immense zone de marais recouverte par la mer lors des grandes marées. A Noyelles, la mer s'est retirée il y a quelque temps déjà pour laisser place aux paysages de la plaine maritime. De la verdure à perte de vue ! Ici, le mouton est roi. D'avril à décembre, les bergers du secteur conduisent leurs quelque sept mille agneaux et brebis vers les pâturages nichés ici au fond de la baie. On compte alors plus de moutons que d'habitants ! Depuis 2006, l'agneau des prés salés bénéficie d'une appellation d'origine contrôlée. Il faut dire que l'agneau de la baie de Somme, qui se nourrit de la flore saline et iodée des pâturages (salicorne, aster maritime), revêt une chair au grain

La Maison de l'Oiseau à Lanchères

La grande aigrette. © N. Herrman

A quelques kilomètres de Noyelles et de Saint-Valery, la commune de Lanchères abrite la Maison de l'Oiseau, un site incontournable pour comprendre et reconnaître les différentes espèces d'oiseaux qui peuplent la baie. Plus de deux cent cinquante espèces y sont présentées dans les milieux naturels typiques de la baie. Les falaises, les dunes, les marais n'accueillent pas les mêmes petites bêtes ! Le visiteur apprend ainsi à examiner de près leur silhouette, leurs couleurs, leur forme de bec, leur plumage et même leur façon de se comporter. A l'extérieur, les superbes oiseaux de proie font le spectacle une à trois fois par jour d'avril à octobre. Au-delà des oiseaux, le visiteur découvre la baie de Somme au sens large : une salle sur le phoque veau marin, des projections sur l'ensablement de la baie, sur l'industrie du galet de Cayeux... C'est fou ce que cette baie possède comme richesses...

très fin et une saveur vraiment particulière. Commercialisé sous le label « estran », il se savoure sous différentes formes : gigot, navarin ou encore terrine. Parmi les moutons, on remarque aussi de grosses vaches écossaises : les Highland Cattle. Avec leur robe brun-rouge, leur poil long et des cornes immenses dressées vers le ciel, les vaches écossaises étonnent plus d'un visiteur non averti ! Rassurez-vous, il paraît qu'elles sont plus douces que des agneaux... Cela fait quelques années qu'elles entretiennent ces grandes zones de mollières. Car, vous vous en doutez, ces jolies dames ne sont pas là que pour agrémenter le décor. Particulièrement bien adaptées aux milieux humides, la présence de vaches écossaises dans la baie de Somme est un choix économique et surtout écologique. Leurs larges sabots leur permettent de ne pas s'enliser, elles peuvent se nourrir de végétation arbustive et donc débarrasser la baie d'espèces un peu trop invasives...

Le petit train quitte lentement Noyelles direction Le Crotoy. Déjà l'œil du voyageur est attiré par une hutte nichée au loin... Royaumes du mouton, les mollières de Noyelles sont également très prisées par les chasseurs à la hutte, mais nous y reviendrons dans le chapitre consacré au Crotoy.

Le château d'hôtes
de Noyelles-sur-Mer.

Adresse de charme, le château de Noyelles a été occupé pendant les deux guerres mondiales. D'abord par l'armée britannique, puis par l'armée allemande.

Un rendez-vous avec l'histoire

Il ne faut pas quitter Noyelles-sur-Mer sans avoir fait un petit tour de ville. La belle des champs possède une histoire riche qui remonte à la préhistoire. Des traces d'occupation celtique (haches) et gallo-romaine (tuiles plates à rebords, poteries) ont été retrouvées dans le cœur de la cité. Au Moyen Age, Noyelles, alors sous l'égide des comtes de Ponthieu, abritait trois châteaux forts ! Il fallait pouvoir contrer les incursions et les invasions des pirates. Mais, de cette époque, il ne subsiste plus rien. Il y a bien un château à Noyelles, mais celui-là a été imaginé par un industriel du Nord. Transformé en hôtel de charme, il résume à lui seul toute l'histoire de cette cité à tort méconnue. Construit au XVIIIe siècle, il fut hôtel des voyageurs puis devint le quartier général de l'armée anglaise pendant la Première Guerre mondiale et celui de l'armée allemande pendant la Seconde. Noyelles porte encore les stigmates des conflits mondiaux. En pleine campagne, au hameau de Nolette, s'établit le plus grand cimetière chinois d'Europe. Sous de grands cèdres et parmi les rosiers reposent 838 soldats chinois appelés par l'armée britannique entre 1917 et 1919. Recrutés dans le cadre du corps de travailleurs chinois (en anglais, Chinese Labour Corps), pour des tâches civiles à l'arrière du front, les « coolies », souvent des paysans pauvres du nord de la Chine, étaient employés à la réfection des routes, aux soins des chevaux de la cavalerie anglaise et au déchargement de trains et de navires du port de Saint-Valery-sur-Somme, bien situé sur le front de la Somme. On sait aujourd'hui que ces travailleurs chinois venus pour participer à l'ef-

fort de guerre connurent des conditions de travail déplorables. Parqués dans des camps, ils n'avaient ni le droit de circuler, ni celui d'entrer en contact avec la population. Remarquables avec leur veste en coton matelassé bleue, ils étaient solidement encadrés par les officiers et sous-officiers. La discipline anglaise y était très rigoureuse et les coolies subissaient de nombreux châtiments corporels. Ils étaient logés dans des cabanes en bois, ou sous des tentes accueillant 24, 48 ou 120 personnes, parfois sans toilettes. Finalement, très peu moururent au combat. Les causes de mortalité sont multiples : accidents du travail, manque d'hygiène, mauvais traitements, épuisement, froid, malnutrition, certains ont même été fusillés par les officiers. Beaucoup furent touchés par l'épidémie de choléra puis par la grippe espagnole qui sévit dans le camp en 1918 et 1919. Aujourd'hui, à Nolette, deux lions de marbre symbolisent le jumelage du hameau français avec le village chinois de Tungkang, comme pour tirer un trait sur ce douloureux passé.

838 soldats chinois reposent dans le cimetière.

Ci-contre
Le cimetière militaire de Nolette est le plus grand cimetière militaire chinois d'Europe.

Une porte-pagode gravée d'épitaphes en chinois signale l'entrée du cimetière de Nolette.

La chasse, entre tradition et amour de la nature

La hutte des 400 coups de Noyelles-sur-Mer.

Il faut quitter Noyelles et prendre la direction du Crotoy via le mont Gréval pour atteindre le marais de Sailly-Bray, sans doute l'un des plus mythiques marais du pourtour de la baie de Somme. Mythique ? Regardez bien autour de vous. Que voyez-vous ? Des chasseurs... Oui ils sont nombreux à pratiquer cette activité en baie de Somme, mais disons que le marais de Sailly-Bray est considéré, avec le marais du Hâble d'Ault et le Marquenterre, un peu comme la Mecque des chasseurs de gibier d'eau. En prenant la rue du Marais, vous distinguerez, camouflée sous le feuillage, la hutte des 400 coups... créée par le vicomte Henri de Brossin de Méré en 1904. Passionné de chasse et plus particulièrement de bécassine, ce puissant actionnaire de la Compagnie des chemins de fer du Nord tombe amoureux de ce marais situé sur la ligne Paris-Calais au début du siècle dernier. Il décide alors de faire creuser une mare (120 mètres de large sur 80 mètres) ainsi qu'une hutte pour observer et chasser les oiseaux. On doit le nom de cette hutte aux 400 coups de fusil donnés lors de l'inauguration ! Cent années se sont écoulées et la mare du vicomte est toujours l'une des plus réputées du secteur (voire bien au-delà). Aujourd'hui, les amoureux de nature et de chasse peuvent louer le marais pour la journée et partir sur les traces des nombreuses espèces qui fréquentent les zones humides de l'estuaire. Ils pourront chasser la bécassine, mais aussi le canard colvert, le canard siffleur ou encore la sarcelle. Pour ceux qui souhaiteraient s'immerger complètement, la hutte se loue aussi à la nuit ! Si l'on croise de nombreux

chasseurs, on peut aussi tenter l'expérience pour observer la faune incroyable qui vit ici dans ces zones humides. L'aube et le crépuscule livrent les meilleures conditions d'observation à travers les « guignettes », petites fenêtres de guet, typiques des maisons de chasse traditionnelles picardes.
La chasse en baie de Somme est une tradition ancestrale. Sur ses 7 000 hectares de superficie, plus de 3 000 sont des territoires de chasse ! On chasse à la hutte, mais aussi au hutteau et à la botte. Le hutteau couché est considéré comme le summum de l'art. Le chasseur s'enterre dans le sable, se recouvre d'une toile ou d'un coffret en bois, qu'on surnomme ici le « cercueil », et tente d'attirer le gibier en le sifflant… Autant dire qu'il faut être animé d'une sacrée passion pour se laisser, le temps de la pleine mer, recouvrir par les flots. Dangereuse, la chasse au hutteau nécessite une très bonne connaissance des lieux et des marées.

Les huttes se comptent par centaines en baie de Somme.

On parle de chasse à la botte dès lors que le chasseur se trouve dans une zone maritime et, croyez-moi, dans les mollières de la baie de Somme, les bottes se comptent souvent par centaine.

Sur ses 7 000 hectares, la baie de Somme possède 3 000 hectares de territoires de chasse.

Le gibier d' eau typique de la baie

Mais l'animal est bien souvent un prétexte pour communier avec la nature. « Nous ne pratiquons pas le ball-trap, me lance Francis, habitué de la hutte des 400 coups et du marais d'Ault. J'éprouve une sensation de liberté et de sérénité quand je suis dans ma hutte. Vous savez, je peux passer des heures sans rien tirer, mais ça n'est pas là l'important. J'adore me retrouver seul ou avec deux-trois amis face à un étang. » Dans les marais bordant l'estuaire, on trouve ainsi la bécassine bien-aimée du vicomte Brossin de Méré. Mais la chasse à la bécassine est réputée dure et sportive car cette jolie dame au long bec se révèle habile et rapide surtout au décollage. Facilement reconnaissable à son bec et ses pattes vert terne, elle possède un dessus brun avec des raies pâles et des grandes plumes à centre sombre. Dans la famille des bécasseaux, le courlis apprécie également les marais humides de la Somme. Et, comme sa cousine la bécassine, c'est bien souvent son long bec qui trahit sa présence sauf que le sien est nettement plus incurvé vers le bas. Très farouche, il se tient toujours sur ses gardes et la moindre alerte déclenche son envol.
Le seul moyen de l'approcher est d'imiter son cri. Vous comprenez maintenant pourquoi le chasseur picard passe son temps à siffler.

Une cane colvert au Marquenterre.

Un appelant dans sa cage, destiné à attirer d'autres oiseaux.

Installées au milieu de l'étang, les blettes imitent les canards pour faire diversion et attirer le gibier d'eau.

Ça n'est pas toujours pour rappeler à l'ordre son épagneul... Qui dit baie de Somme, dit aussi et surtout canard colvert. Inutile de décrire la robe flamboyante de cet oiseau présent un peu partout sur notre territoire, particulièrement en baie de Somme, qui se prête à de nombreuses interprétations gastronomiques... et ce depuis quelques siècles déjà. Un commerce local existait dans la première moitié du xvie siècle ! Tout aussi magnifique, le canard souchet a également la tête verte, mais son ventre orange vif contraste fortement avec sa poitrine et l'arrière des flancs blancs. Il aime barboter dans des eaux peu profondes et filtrer la vase avec son bec aplati. Comme beaucoup de canards, il est chassé à l'aide d'appelants. En baie de Somme et plus largement en Picardie, les chasseurs utilisent des « blettes », ces faux oiseaux qui servent d'appâts. Elles sont en bois, en plastique, en liège ou dans des matériaux improbables de récupération et représentent toutes les espèces présentes en baie de Somme. Depuis quelques années, les blettes de Picardie attirent les collectionneurs de France et de Navarre. Ces petits objets fabriqués par le chasseur lui-même sont devenus des objets de décoration branchés, voire dans certains cas de véritables objets d'art.

Dessin de bécasse sur la hutte des 400 coups à Noyelles-sur-Mer.

Le Crotoy, cité de pêcheurs

J'ai rendez-vous avec Le Crotoy et son traditionnel port de pêche. Ah, on m'a dit tant de choses sur cette cité... Que Jeanne d'Arc y avait été séquestrée, que Jules Verne s'était inspiré des lieux pour son roman *Vingt Mille Lieues sous les mers*, que Colette y passait ses vacances, que Victor Hugo en était tombé littéralement amoureux, que le port de pêche était l'un des plus grands de la Manche il y a quelques siècles, qu'on y trouve la seule plage exposée au sud de la baie de Somme, ou encore qu'il y eut l'une des premières écoles d'aviation française ! Oui, Le Crotoy, c'est un peu tout cela à la fois.

Page de gauche
La baie s'ouvrant sur Le Crotoy.

La plage du Crotoy est la seule plage exposée au sud de la côte picarde.

Commençons par Jeanne d'Arc. La Pucelle d'Orléans a en effet passé un séjour au Crotoy, mais pas des plus bucoliques… Jeanne d'Arc est enfermée dans la forteresse quelques jours en novembre 1430 lors de son périple de prisonnière la menant à Rouen et au bûcher. Le château n'existe plus, mais un infime bout de muraille subsiste rue du Château et une plaque apposée au mur témoigne de cet épisode historique : « Vestiges du château construit vers 1150 par les comtes de Ponthieu démantelé en 1674. Dans cette forteresse, Jehanne d'Arc fut gardée prisonnière entre le 20 novembre et le 20 décembre 1430. Elle y fut livrée aux Anglais le 8 décembre et c'est d'ici que franchissant à pied la baie de Somme, soutenue par son courage et par sa foi, elle fut emmenée vers Rouen où l'infâme bûcher allait devenir le trône de l'humble bergère qui sauvait la France. » Devant cette plaque, je me demande à quoi ressemblait cette cité qui semble si paisible aujourd'hui.

Statue de Jeanne d'Arc représentant la Pucelle d'Orléans les mains enchaînées.

La fête de la mer

Preuve que la tradition de la pêche est loin d'être éteinte au Crotoy, aux alentours du 15 août, une fête de la mer rend hommage aux marins et à l'activité phare de la station. Après la messe, une procession part de l'église Saint-Pierre – au passage, admirez l'intérieur avec ses nombreux ex-voto de marins à destination du port. L'hymne national retentit lors de l'escale à proximité du monument dédié aux marins disparus en mer. En ville, des défilés de pêcheurs en costume traditionnel plongent visiteurs et habitants dans une ambiance festive. De nombreuses animations sont proposées en centre-ville pour découvrir l'univers et le quotidien des marins d'antan et d'aujourd'hui.

Port de plaisance du Crotoy.

D'après certaines gravures du XVIIe siècle, il semblerait que l'édifice était de taille. Les fossés étaient alimentés par la mer qui venait se jeter au pied des murailles… Le Crotoy vivait alors principalement de son port de pêche et de commerce. Au XVIIe siècle, il comptait parmi les ports de pêche les plus importants de la Manche. La sole, le turbot, le bar ainsi que la crevette grise faisaient vivre des dizaines et des dizaines de familles. Aujourd'hui l'ensablement de la baie a contraint les bateaux de pêche à quitter ce port pour aller amarrer au Tréport, mais la tradition de la pêche ne s'est pas éteinte. Bien au contraire. Une dizaine d'irréductibles continuent à prendre le large.

Plaque commémorant le passage de Jeanne d'Arc au Crotoy en 1430, sur les vestiges du château fort.

La pêche, une seconde nature

Le long du quai Courbet et rue des Ecoles-Saint-Firmin, les poissonneries crotelloises proposent encore chaque jour le poisson fraîchement pêché en mer. La vedette, au Crotoy, c'est la crevette grise. On en trouve sur tous les étals et pratiquement dans tous les restaurants de poissons. Mais, attention, ces crevettes translucides ou légèrement brunâtres sont appelées ici « seutrèles ». Elles se pêchent généralement de janvier à mai sur des... sauterelliers. Allez donc faire un petit tour sur le port. Il n'est pas rare de croiser ces petits bateaux à fond plat. Vous croiserez peut-être un pêcheur de retour de pêche qui vous les proposera à la sauvette pour échapper aux taxes ou vous parlera tout simplement de sa passion qu'il tient de son père et de son grand-père. Car, au Crotoy, il semblerait que la pêche soit dans les gènes de chacun des habitants. Sur la plage, des familles arpentent le sable à la recherche de ces petites crevettes. On les reconnaît à leur ciré et au haveneau avec lequel elles caressent le sable délicatement. La technique semble simple. Il suffit de pousser, pendant une à plusieurs minutes, le filet devant soi, en prenant appui sur le manche. Quelle joie de rencontrer des enfants munis de leur panier ou de leur seau, trépidant en

À l'aide d'un râteau, le pêcheur à pied gratte le sable à la recherche de coques, appelées ici « hénons ».

Les coques de la baie de Somme sont réputées pour leur taux de chair.

voyant leur père relever de quelques centimètres le filet pour vérifier si le « trait » (poussée du filet entre deux relevés) est fructueux. Quel plaisir de les regarder scruter scrupuleusement le contenu du filet et de les voir sautiller devant leurs trouvailles nichées au milieu des algues et des crabes. Une petite centaine de Crotellois vivent encore aujourd'hui de cette pêche à pied. La crevette n'est pas le seul trésor à dénicher ici sur la plage. La pêche à la coque est une pratique également très répandue. Les coques de la baie de Somme sont réputées pour leur taux de chair. Accompagnées de juliettes des sables (pommes de terre cultivées en baie de Somme) ou tout simplement avec une noix de beurre, elles sont délicieuses... Le ramasseur de coques, surnommé le « gratteur », sait, en observant le sable couvert de petits trous d'épingle, si des hénons – c'est le petit nom que l'on donne ici aux coques – s'y cachent. Il passe alors soigneusement le râteau, si le sable croustille, il n'est pas loin du but ! Il n'a plus qu'à se pencher pour les ramasser. Il faut venir à marée basse pour observer ces courageux gaillards, le pantalon relevé jusqu'aux genoux. Le spectacle nous transporte alors bien loin du monde agité qui nous entoure.

De nombreuses poissonneries proposent le poisson fraîchement pêché au large de la Manche.

Maison traditionnelle du Crotoy.

De Colette à Jules Verne

Un parfum d'authenticité souffle sur cette cité de pêcheurs. Malgré la présence de quelques belles villas Belle Epoque, ce dont on est le plus fier au Crotoy, ce sont ces petites maisons traditionnelles de pêcheurs, souvent blanches aux volets colorés. Beaucoup ont été transformées en gîtes pour accueillir les voyageurs

Sur la digue Noiret, la villa Belle-Plage où a séjourné Colette.

curieux de découvrir cette cité de caractère. Et, pourtant, Le Crotoy aurait pu connaître une tout autre destinée. Quelques siècles après Jeanne d'Arc, d'autres grands noms ont arpenté les ruelles typiques de la commune. En septembre 1837, Victor Hugo s'arrête au Crotoy et reste subjugué devant les modestes demeures de marins agglutinées autour des ruines du château. Sur la digue Noiret, la villa Belle-Plage témoigne des fréquents séjours de Colette qui immortalisa la cité de pêcheurs dans deux chapitres des *Vrilles de la vigne* parues en 1908. « Le soleil peut se coucher tranquillement au-delà de la baie de Somme, désert humide et plat où la mer, en se retirant, a laissé des lacs oblongs, des flaques rondes, des canaux vermeils où baignent les rayons horizontaux... La baie de Somme, humide encore, mire sombrement un ciel égyptien, framboise, turquoise et cendre verte. La mer est partie si loin qu'elle ne reviendra peut-être plus jamais ? Si, elle reviendra, traîtresse et furtive comme je la connais ici », écrivait-elle. Un peu plus tôt, Jules Verne a séjourné au Crotoy entre 1865 et 1870. C'est au Crotoy qu'il a puisé l'inspiration de son roman *Vingt Mille Lieues sous les mers*, inventant le personnage du capitaine Nemo qui ne vit que par et pour la mer... Dans sa maison La Solitude (9 rue Jules-Verne), il a écrit *Les Enfants du capitaine Grant*. Jules Verne, qui avait épousé quelques années plus tôt l'Amiénoise Honorine du Fraysne de Viane, découvre Le Crotoy grâce à sa belle-famille. Les qualités climatiques de la petite station favorisent sa santé et son travail. Les paysages et l'atmosphère qui règne dans le bourg le fascinent. En 1865, il invite son éditeur Hetzel à le rejoindre pour découvrir la grande marée d'équinoxe, « si le temps est mauvais, ce sera magnifique, s'il est beau, ce sera magnifique tout de même ». Amateur de navigation, il se fait même construire un bateau, le *Saint-Michel*. Ce n'était qu'une embarcation de pêche sommaire aménagée par un charpentier de marine du Crotoy, mais c'est sans doute à bord de ce petit voilier qu'il prit goût à la mer et aux océans si présents dans ses ouvrages.

Jules Verne a imaginé certains personnages de ses romans dans la villa La Solitude.

Au Crotoy, de nombreux peintres installent leur chevalet sur la plage pour capter les lumières changeantes de la baie de Somme.

Montmartre de la baie

Lorsque l'on sillonne les quais ou le bord de mer, il n'est pas rare de croiser des peintres assis sur leur tabouret riquiqui immortalisant une lumière ou une scène de vie. Il y a ceux dont les yeux s'abreuvent de l'horizon et d'autres qui préfèrent s'immerger parmi les touristes pour mieux comprendre ce qui les anime. En été, la place Jeanne-d'Arc prend ainsi des allures de Montmartre, les uns se faisant tirer le portrait, les autres épiant discrètement les travaux des artistes. « Je suis comme Toulouse-Lautrec, j'aime peindre les gens », me lance Marc, peintre itinérant qui rejoint Le Crotoy en saison estivale. Mais pourquoi me parle-t-il de Toulouse-Lautrec ? J'avais déjà aperçu, rue Eudel, une salle portant son nom. Aurait-il fait des infidélités à Montmartre justement ? Il faut croire que oui… En 1887, il vient pour la première fois au Crotoy invité par son ami Maurice Joyant pour un week-end en baie de Somme. C'est le coup de foudre. Toulouse-Lautrec, qui adore la voile, emprunte la barque de son ami et parcourt l'estuaire. Il reviendra régulièrement ensuite en séjour jusqu'en 1900. Il logeait dans la charmante demeure de brique Les Mouettes blessées, quai Léonard (aujourd'hui chambres d'hôtes). En juin 1899, à sa sortie de la maison de santé de Neuilly, Toulouse-Lautrec se rend pour quatre semaines de convalescence au Crotoy. Il se repose, il nage, il navigue, mais curieusement, comme au cours des séjours précédents, il ne peint pas. Au final, il ne réalisera qu'un seul tableau au Crotoy, le portrait de son ami Maurice Joyant. Peut-être gardait-il jalousement dans sa mémoire les images qu'il emmagasinait ici... Toulouse-Lautrec fait partie de la longue liste des peintres à avoir usé de leurs pinceaux ici au Crotoy. Peut-être a-t-il rencontré le peintre Georges Seurat lors de sa venue au Crotoy en 1889 ou encore l'impressionniste Alfred Sisley qui aimait peindre la lumière particulière de la baie ? Le pointilliste Seurat réalisa deux toiles magnifiques sur le bourg et sur la plage du Crotoy alors que le Britannique Sisley immortalisa l'immensité de la mer s'ouvrant sur la cité. Mais, s'il ne fallait retenir qu'un nom, c'est sans doute celui d'Alfred Manessier qu'il faudrait garder. Né à Saint-Ouen, Manessier a peint pendant près d'un demi-siècle le port et les paysages crotellois.

Peintres d'aujourd'hui

Le jeune Alfred Manessier réalise ses premières aquarelles en 1923 au Crotoy. Il n'a alors que 12 ans... Après des études aux Beaux-Arts d'Amiens, le peintre va rapidement rejoindre la région parisienne, mais ses terres natales ne le quitteront jamais. Les premiers paysages significatifs de la baie de Somme dans son œuvre datent de 1942. Il s'agit d'aquarelles sur papier que l'artiste a réalisées de mémoire en pleine Seconde Guerre mondiale ! Sans doute avait-il besoin de se raccrocher à ses racines. Aujourd'hui, l'âme de ce peintre inclassable hante encore les bords de mer crotellois. Sur la plage, je rencontre Michel Rodier, un peintre abbevillois qui immortalise quotidiennement les lumières changeantes de la baie. Les yeux fixés sur l'horizon, il me raconte non sans émotion sa rencontre avec Alfred Manessier : « Un jour, alors que j'étais ici au Crotoy, je sens une main sur mon épaule. Je me retourne mais, ébloui, je mets quelques secondes à reconnaître ce visage familier. C'est Alfred Manessier ! Il entame simplement la discussion comme si on se connaissait depuis toujours et me dit que la façon dont je peins les reflets dans l'eau l'étonne. Cette rencontre n'a duré que quelques minutes, mais c'était inoubliable. » Michel est encore bouleversé. « En discutant avec lui, je me suis rendu compte que je le copiais un peu sans le savoir. » Pour beaucoup de peintres qui viennent puiser leur inspiration ici, Manessier est un modèle. Et, lorsque le peintre trouve la mort accidentellement en 1993, certains viendront se recueillir sur le bord de mer pour lui rendre un dernier hommage. Didier Van Dorn, qui a installé son atelier rue du Général-Leclerc, ne peut nier cette filiation. Lui aussi a d'ailleurs eu l'occasion de rencontrer son maître alors qu'il n'avait que 15 ans. Originaire du nord de la France où il a peint dans l'atelier d'Eugène Leroy, il a posé ses valises au Crotoy en 1995. Didier Van Dorn réalise une peinture de transposition, proche de l'abstraction, qui lui permet de mettre en valeur la lumière et l'immensité de la baie. Dans son atelier, les visiteurs découvrent ainsi un homme passionné par l'estuaire et peuvent être surpris par ses sculptures peintes à partir de silex tombés des falaises... Face au phare, une autre galerie ravit les amoureux de peinture, celle de Francis Verheyde. La terre, le cosmos et... la baie de Somme sont ses sources d'inspiration. Il ouvre les portes de son atelier le samedi après-midi et le dimanche.

Ci-dessus, de gauche à droite
La villa Minuta, rue du Château.

La villa Les Ormeaux, rue de la Plage.

Au temps des Guerlain

Pourquoi tous ces artistes au Crotoy ? Peut-on tout expliquer par le caractère pittoresque de la cité ? Il faut remonter au milieu du XIXe siècle pour comprendre l'engouement des peintres et écrivains pour Le Crotoy. La vogue des bains de mer a déjà touché Dieppe et quelques stations picardes et du Pas-de-Calais. Pierre-François Guerlain, parfumeur de l'impératrice Eugénie, possède une maison au Crotoy où il aime séjourner avec son épouse et ses deux fils, Aimé et Gabriel. Conscient des atouts de cette seule plage du nord exposée au sud, Guerlain forme dès 1847 le projet d'y créer un grand établissement de bains de mer. Il veut faire du Crotoy la « station des élégantes » et voit les choses en grand. Il achète deux terrains près du port, et fait édifier un immense hôtel par l'architecte Rabin. La construction en brique et bossage de pierre est pourvue d'une toiture à deux pentes à la Mansart, le pavillon central est agrémenté d'une véranda surmontée au premier étage d'un balcon en fer forgé d'où l'on peut bénéficier d'une vue admirable sur la baie de Somme. Deux rampes latérales offrent un accès direct à la plage. Elles encadrent quelques arcades sous lesquelles l'eau de mer entre dans une piscine chauffée... A son grand regret, Guerlain ne parviendra jamais à y attirer l'impératrice Eugénie. Mais, avec l'arrivée du chemin de fer et la construction de la ligne Paris-Calais, les artistes parisiens se ruent les uns après les autres dans la nouvelle station naissante. Colette, Toulouse-Lautrec et même Anatole France y prennent leurs petites habitudes. De cette époque subsistent encore de

Les Tourelles

Deux grandes tourelles rouges dominent la baie de Somme. Lorsque les marins les aperçoivent au loin, ils savent que Le Crotoy n'est pas loin. Rue Pierre-Guerlain, cet hôtel particulier rouge brique surmonté de deux tourelles constitue toujours aujourd'hui une adresse de charme. Des chambres aux volumes généreux, des tons clairs et un restaurant qui fait la part belle aux produits de la mer... Avec la mer à son pied, l'hôtel des Tourelles possède l'une des plus belles vues de la baie de Somme. Depuis quelques années, les Tourelles sont devenues une véritable référence en matière de respect de l'environnement. En 2007, l'hôtel est le premier hôtel picard et le cinquième de France à recevoir l'éco-label européen. Tout est pensé pour que le personnel mais aussi les hôtes laissent une empreinte écologique le plus faible possible. L'idée ? Que l'estuaire qui nous fait face soit préservé le plus longtemps possible...

L'hôtel des Tourelles figure parmi les sites incontournables du Crotoy.

superbes villas, comme rue du Château où la curieuse villa Minuta se voit surmontée d'une tourelle. Rue Carnot, la villa Marguerite porte quant à elle un toit en « escalier »... Toutes les excentricités étaient les bienvenues à l'époque. C'était à celui qui épaterait le plus le voisin. L'idéal pour découvrir ces demeures Belle Epoque reste de voguer librement dans la ville et de se perdre dans ses ruelles étroites. Mais, aujourd'hui, Le Crotoy est avant tout une station familiale où les plaisirs simples ont pris le pas sur les extravagances du siècle passé. En 2004, le magazine *L'Express* le classait même parmi les plus beaux et recherchés villages de France... Parce que, au Crotoy plus qu'ailleurs en baie de Somme, il règne une ambiance de village que même les grandes et belles villas n'arrivent à perturber.

La villa Marguerite, rue Carnot.

Rue, ville mystérieuse

C'est samedi, jour du marché. Place de Verdun, les premiers acheteurs pointent le bout de leur nez. Je me niche dans un coin de la place pour observer tranquillement les va-et-vient. Certains ont leurs petites habitudes et semblent avoir déterminé leurs différents arrêts. Ceux-là doivent être ruens. C'est le petit nom que l'on donne aux trois mille habitants de la commune. D'autres marchent le nez en l'air à la recherche de je ne sais quelle découverte. Il semblerait que nos explorateurs aient compris qu'ils n'arpentaient pas n'importe quelle cité...

Page de gauche
Vue sur le beffroi de Rue.

Ancien port florissant, Rue possède un patrimoine particulièrement riche.

Centre-ville de Rue.

Ci-contre
Maison à pans de bois dans le centre-ville, datée du xve siècle.

Au vu de leur itinéraire, ils doivent venir de la rue du 8-Mai. Ils savent donc que Rue possède un patrimoine des plus remarquables... Je tends l'oreille. Des Britanniques ? Ils sont nombreux à venir lâcher prise en baie de Somme. Et je dois dire que Rue, distante de six petits kilomètres de la côte, est un bon compromis entre la station balnéaire et la grande capitale touristique. Il y a un peu plus de cinq siècles, ces enfants d'Albion auraient découvert une tout autre cité. Les marchés étaient alors très nombreux. La place Anatole-Gosselin (ancienne place des marchés) accueillait les grandes foires annuelles imposées par les rois de France et plusieurs petites places aujourd'hui disparues donnaient lieu à des marchés aux vaches, aux chevaux ou encore aux cochons. Rue était au Moyen Age l'une des trois villes les mieux fortifiées du nord de la France. Et, si les fortifications ont disparu, pas d'inquiétude, l'histoire de Rue semble avoir été gravée sur chaque pierre de la cité.

Les frères Caudron

Le musée des frères Caudron occupe l'office de tourisme.

Dans la famille Caudron, je demande Gaston et René. Signe distinctif ? Inséparables et tous deux passionnés par les récits des essais des frères Wright qui décomposent avec méthode le vol des goélands qui ont l'art et la manière de savoir se poser en douceur... Nous sommes au tout début du XXe siècle. Les frères Caudron sont nés dans les années 1880 à Favières, près de Rue et connaissent donc parfaitement la baie de Somme et les oiseaux qui la peuplent. En 1908, ils construisent un biplan avec l'aide du menuisier de leur village. Ne voyant pas arriver le moteur de leur avion, ils le transforment en planeur. La technique est abracadabrantesque : ils relient le planeur à une charrette tirée par Luciole, leur jument... Et, ô surprise, l'engin décolle ! C'est le début d'une fantastique épopée aéronautique. Les frères Caudron installent une entreprise à Rue et une école de pilotage au Crotoy. Ils créent le tout premier hydravion de l'histoire et attirent des pilotes venus du monde entier. En 1913, l'école de pilotage se double d'une école militaire. Gaston crée en Chine la première école de pilotage de ce pays, et deviendra le premier pilote à survoler la Cité interdite, lors de la livraison de douze biplans de type G3. Ils mettent ensuite au point, pour l'armée française, plusieurs avions de reconnaissance, mais Gaston se tue pendant la guerre en 1915 à Lyon où l'entreprise vient d'être transférée. Dans l'office de tourisme de Rue, un petit musée retrace l'étonnante aventure des deux enfants du pays. On comprend l'importance de ces pionniers dans le monde de l'aviation moderne à travers leurs principales créations. On mesure également toute leur folie, et il en fallait à l'époque. Une photo montre René Caudron atterrissant sur les toits des Galeries Lafayette à Paris...

Les frères Caudron, grands aviateurs français, installèrent leur entreprise à Rue au début du XXe siècle.

Tympan du portail de la chapelle Saint-Esprit.

Construite entre 1440 et 1514, la chapelle Saint-Esprit est l'un des plus beaux édifices gothiques en Picardie.

Le crucifix miraculeux de Rue

Tout commence il y a bien longtemps. Des fouilles archéologiques attestent d'une cité importante à la période gallo-romaine, mais c'est au Moyen Age que Rue va prospérer et ce grâce à la présence de la mer. Il y a cinq siècles, les enfants d'Albion auraient pu faire trempette dans la Manche... Au XIIe siècle, Rue-sur-Mer – c'est alors son nom – possédait deux ports. Le premier pour les gros bateaux à l'entrée actuelle de la ville, devant le moulin Saint-Jean, le second pour les plus petites embarcations qui remontaient le cours de la Maye jusqu'au beffroi. Rue tirait alors ses richesses de son port et de ses salines.

Et c'est d'ailleurs sur la grève, à proximité du port, que se serait échouée une barque, en août 1101. Une barque transportant un crucifix en bois « grandeur nature », venue tout droit de Palestine... Fait avéré ou légende ? Toujours est-il qu'à dater de ce jour, des pèlerins accoururent de plus en plus nombreux au fil des siècles dans la cité commerçante. Au XVe siècle, une quinzaine d'hôtels sont construits dans le cœur de ville pour accueillir les nombreux voyageurs, curieux de découvrir la relique. Les Ruens, las du charivari provoqué par les pèlerins, demandent la construction d'une chapelle à côté de leur église. Rue, ville étape de Saint-Jacques de Compostelle, voit affluer de grands noms. Isabeau de Portugal, épouse de Philippe le Bon, venue en pèlerinage en 1440, finance une partie des travaux de la chapelle, tout comme Louis XI et de nombreux princes français et étrangers. En 1514, la chapelle est debout, resplendissante. L'apothéose du style gothique flamboyant. Cinq siècles plus tard, elle étonne toujours par son extrême richesse. La chapelle Saint-Esprit de Rue est sans doute l'un des édifices les plus étonnants qui sont donnés à voir en Picardie. Des sculptures par centaines ornent la façade. Une récente restauration a redonné éclat aux chimères, balustrades et pinacles que l'on peut observer à gauche du portail. Il faudrait des heures pour détailler chacune de scènes sculptées sur l'édifice. Dans le tympan du portail, on distingue les Sept Douleurs de la Vierge : la Présentation au temple, la Fuite en Egypte, la Crucifixion, la Mise au tombeau... A l'intérieur, la surprise est également au rendez-vous. Là encore, l'abondance des décors sculptés frappe le visiteur. La voûte du narthex est travaillée dans ses moindres recoins comme de la dentelle. On admire les clefs de voûte pendantes entièrement sculptées, mais aussi les colonnes, corniches, contreforts, voussures... En trois mots : une petite merveille. Et le crucifix ? Des peintures sur toile du XIXe siècle racontent son histoire, mais la pièce originelle aurait été brûlée sur le parvis. Il ne subsiste qu'une main placée derrière l'autel. L'église voisine, Saint-Vulphy, n'est plus d'origine non plus. Détruite par un violent orage en 1798, elle a été reconstruite entre 1828 et 1833 dans un style néoclassique.

Arcade ajourée pleine de finesse dans la chapelle Saint-Esprit.

Des visites guidées de la chapelle sont proposées par l'office de tourisme.

Patrimoine mondial de l'Unesco

Plongeons dans le contexte de l'époque. Lorsque la chapelle Saint-Esprit est élevée, il faut imaginer la ville entourée de remparts. En 1210, elle obtient la charte de commune par Guillaume de Ponthieu. A peine quatre ans plus tard, les bourgeois de la ville font construire une première ceinture de fortifications. Rue est alors riche et prospère. Son port est florissant. Il faut se protéger. Le xve siècle verra s'élever le beffroi à quelques pas seulement de la chapelle Saint-Esprit. Il est classé depuis 2005 au Patrimoine mondial de l'Unesco. Ancien échevinage où se réunissaient les vingt-trois élus municipaux (échevins), il comprend encore deux étages superposés reliés par un escalier de soixante-quinze marches. Au rez-de-chaussée, la salle

Ce superbe beffroi du xve siècle abrite deux salles superposées reliées par un escalier de soixante-quinze marches.

de justice abrite des fresques illustrant la vie dans le Marquenterre au début du siècle dernier. Car la baie qui s'ensable inexorablement depuis des siècles a poussé Rue dans les terres. La mer s'est retirée petit à petit et a condamné le port ruen au XVIe siècle. Rue est devenu la capitale du Marquenterre. L'ancienne salle des échevins présente des maquettes du Rue fortifié. Si on éleva une deuxième ceinture de fortifications au XVe siècle, Richelieu fit tout démanteler à la fin du XVIIe siècle suite au traité d'Aix-la-Chapelle qui mit fin à la guerre entre la France et l'Espagne. Rue comme beaucoup d'autres villes fortifiées vit ses murailles se décomposer une à une. Plus aucune trace ne subsiste aujourd'hui. Au-dessus, la salle des gardes porte bien son nom. C'est d'ici que les gardes surveillaient la ville et alertaient la population des allées et venues ainsi que de l'ouverture et la fermeture des portes de la ville. Dans l'une des tourelles, le minuscule cachot en dit long sur les conditions de détention des prisonniers. Des graffitis datés pour certains du XVIIe siècle témoignent de l'ennui qui gagnait les malfrats mais aussi les sergents !

Le beffroi de Rue se caractérise par sa tour carrée massive à laquelle on a ajouté des échauguettes au XIXe siècle.

La chapelle de l'Hospice et en arrière-plan, de nouveau le beffroi.

mais c'est l'intérieur qui nous intéresse. Construite au XVe siècle, soit une centaine d'années après le beffroi et la chapelle du Saint-Esprit, elle possède une magnifique voûte en carène de navire renversée. Dans sa partie inférieure, on distingue les attributs de Saint-Jacques-de-Compostelle : la coquille, le bourdon et la panetière. D'emblée, on s'étonne de ne pas voir les stalles installées dans le chœur. L'explication est simple. L'hospice voisin accueillait de nombreux pèlerins et parmi eux beaucoup étaient de pauvres gens. Les sœurs grises vont alors s'installer dans l'hospice afin de les accueillir. Ces stalles leur étaient réservées et, comme la présence des religieuses n'était pas permise dans le chœur, elles ont été placées dans la nef. Dans le chœur justement, le portrait de saint Augustin

La chapelle de l'Hospice est dédiée à saint Nicolas et saint Jacques.

Ci-contre
La chapelle de l'Hospice est dotée d'une voûte en carène de bateau renversée.

Le sens de l'accueil

En passant par la rue du 8-Mai, nos voyageurs britanniques croisés au marché se sont sans doute arrêtés devant la chapelle de l'Hospice. L'extérieur n'a rien de la richesse de celui de la chapelle du Saint-Esprit,

les pèlerins. C'est une ville qui sait recevoir. Et, à voir l'illumination qui se lit sur les visages des enfants d'Albion, cette tradition n'est pas près de s'éteindre. Je me lève, il n'y a pas de raison pour que je ne profite pas moi aussi de ce splendide marché…

Ci-contre
Rue se caractérise aussi par ses belles demeures.

Dans le chœur de la chapelle de l'Hospice, la toile est attribuée à Philippe de Champaigne.

est attribué à Philippe de Champaigne, un des peintres favoris du cardinal de Richelieu.

Eh oui, Rue ne possède que trois mille âmes, mais son histoire lui a laissé de bien beaux témoignages. Outre ces grands édifices remarquables, quelques vieilles maisons à pans de bois et grandes demeures du XVIIIe siècle viennent parfaire le décor. Citons le château du Broutel, transformé en hôtel-restaurant. Construit en 1714 avec des matériaux issus du démantèlement de la citadelle, il abrite encore de magnifiques fresques murales et des peintures signées d'un élève de Claude Vernet. Près du moulin, Sabine a installé des chambres d'hôtes dans sa maison premier Empire. Entre son orangerie et son parc, l'ambiance y est… balzacienne ! Quant à Claudine et Patrick Van Bree, originaires de Belgique, ils ont choisi la campagne de Rue pour restaurer une gentilhommière de 1820 qu'ils partagent eux aussi avec les gens de passage. Finalement, depuis le XIIe siècle, Rue accueille

Le Marquenterre, quand la terre conquiert la mer

Entre Saint-Quentin-en-Tourmont aux portes de la baie de Somme et Fort-Mahon (baie d'Authie), s'étendent 15 kilomètres de dunes, de prés salés, de marais et de culture : le Marquenterre. Unique en Europe, ce site aux petits airs de Camargue est bien connu des naturalistes. Quatre mille hectares de prairies et de dunes à l'abri de toute agitation urbaine fréquentés par des oiseaux du monde entier ! Et, pourtant, il fallut un coup de pouce, non pas du destin, mais de l'homme pour que ce site ne soit pas totalement envahi par la mer. Avant que l'homme ne se protège des assauts de la Manche, il faut imaginer le littoral picard comme une vaste zone de marécages où l'eau douce de la Somme et de l'Authie venait se mêler à l'eau de mer.

Page de gauche
Plus de trois cents espèces d'oiseaux ont été recensées dans le parc du Marquenterre.

Zone de roseaux dans le parc du Marquenterre.

Les dunes de Quend bordant le parc du Marquenterre.

Au Moyen Age, la mer arrivait jusqu'à Rue ou encore Abbeville, tous deux, grands ports de pêche ! Mais les moines des grandes abbayes des alentours comprirent très tôt l'intérêt de cultiver ces terres humides, les premiers travaux d'endiguement débutent au XIIe siècle. Les digues alors construites en terre barrent tant bien que mal l'accès aux terres. Puis les moines continuent leurs travaux d'assèchement en donnant de nouvelles directions au cours des rivières.

L'immense plage de Quend.

Les terres s'assèchent effectivement petit à petit mais, progressivement, la baie va s'ensabler, condamnant définitivement les ports de Rue, de Noyelles et d'Abbeville. La mer va former de son côté un cordon de dunes, qui s'étendra sur des kilomètres de Saint-Quentin-en-Tourmont jusqu'à Fort-Mahon. A marée haute, une muraille de sable semble s'élever contre les vagues tandis qu'à marée

basse, une immense plage de sable fin se découvre laissant place à un véritable « désert », les accès à la mer étant plutôt rares... Le massif dunaire couvre plus de 2 000 hectares, soit deux fois le bois de Vincennes ! Les dunes sont partout, en bord de mer, mais aussi à l'intérieur des terres où elles culminent parfois à 30 mètres de haut. Imaginez une dune aussi haute que le beffroi d'Abbeville...

Derrière et parmi ses dunes majestueuses, la nature s'est fait une joie de coloniser ces anciens marécages. Les bas-champs, véritables polders hollandais, ont pris place au milieu des dunes et prairies mouillées. Les marais occupent également des surfaces importantes surtout en allant vers les terres.

Une muraille de dunes protège les terres du Marquenterre.

Les dunes déploient une palette de couleurs exceptionnelle.

Une flore atypique

Parcourir le Marquenterre, c'est ainsi partir à l'assaut d'une multitude de milieux naturels avec chacun son lot de trésors. A elles seules, les dunes déploient une palette de couleurs exceptionnelle et des paysages dignes des plus grandes œuvres impressionnistes. Le Marquenterre est l'un des plus vastes ensembles dunaires de l'Ouest européen. Il y a bien sûr les dunes blanches, royaume de l'oyat, mais aussi les dunes grises recouvertes d'un tapis de mousse et de lichens. Amusez-vous à épier le passage des petites bêtes qui peuplent le domaine. Si,

Un sentier permet de parcourir les dunes de Royon entre Quend-Plage et Fort-Mahon.

dans la mousse, vous distinguez des petites taches vertes, vous pouvez imaginer que le renard n'est pas très loin… L'eau, donc l'urine, colore la mousse grise en vert clair. Les oiseaux apprécient ces dunes peuplées d'argousiers, qui donnent des baies orangées, particulièrement nourrissantes pour les volatiles. On trouvera aussi au pied des dunes l'onagre, une plante aux fleurs jaunes présente dans nos produits de beauté, mesdames ! Sa richesse en vitamine E en fait un antirides idéal et donne de l'éclat aux peaux fatiguées. Les prairies humides accueillent une flore différente mais tout aussi colorée comme la parnassie des marais, reconnaissable à ses larges fleurs blanches à cinq pétales et à nervures transparentes. Aussi belle soit-elle, interdiction de la cueillir, la parnassie est protégée. Il s'agit de la seule représentante en France de la famille Parnassia. Protégé également, l'orchis incarnat pousse dans la zone de marais et même parfois au creux des dunes. Classée « espèce vulnérable », cette jolie plante aux fleurs violettes apparaît dès le mois de mai, soit un peu plus tôt que la parnassie, qui attend quant à elle le mois de juillet pour déployer ses belles fleurs blanches. Ainsi à partir du mois de mai, le Marquenterre se tapisse de couleurs jusqu'au début de l'automne. Outre les yeux, cette flore ravit les narines. Les effluves embaument le site et se révèlent différents selon les milieux naturels traversés. Assez récentes, les pinèdes s'avèrent particulièrement agréables à la promenade et procurent en été un peu de fraîcheur bienvenue. C'est aussi au cœur de la pinède, dans le parc ornithologique, que vous pourrez faire une pause méritée au Bistrot du Marquenterre !

La pinède du Marquenterre.

La naissance d'un parc unique en France

Avec une moyenne de 140 000 visiteurs par an, le parc ornithologique est autant fréquenté, si ce n'est plus, que le petit train touristique de la baie de Somme, activité phare des côtes de la Manche. Unique en France par le nombre d'oiseaux à observer, il s'étend sur plus de 200 hectares. Le parc ornithologique de Pont de Gau en Camargue (60 hectares) et celui du Teich dans le bassin d'Arcachon (120 hectares) n'atteignent pas sa superficie même en alliant leur force... Comment un tel site a-t-il pu voir le jour ? C'est en 1923 qu'Henri Jeanson, industriel parisien, rachète 1 000 hectares de sable, territoire privilégié des lapins et des chasseurs, au niveau de la commune de Saint-Quentin-en-Tourmont. Ses enfants le transforment en terrains agricoles, notamment dans les bas-champs, espaces situés en dessous du niveau de la mer. Les cultures légumières se développent progressivement, mais la guerre met un coup d'arrêt à l'activité. Près de deux mille soldats allemands occupent le domaine et ses alentours pendant la Seconde Guerre mondiale. Ils réquisitionnent le personnel pour la construction de routes et de blockhaus encore visibles aujourd'hui. Au lendemain du conflit – Saint-Quentin-en-Tourmont sera libéré par les Canadiens –, Michel Jeanson se tourne vers la production d'oignons à fleurs et agrandit son domaine en rachetant 200 hectares de dunes. Il fait planter des milliers de pins pour fixer ces monts de sable sans cesse mouvants, son activité est florissante jusque dans les années 1960. A la fin des années 1960, la concurrence, notamment des oignons hollandais, est trop rude. Il faut penser à se reconvertir. Mais que faire de 1 000 hectares de nature ? Michel Jeanson, passionné d'oiseaux, pense créer une réserve pour protéger ces volatiles de la chasse. Sur le tracé Europe du Nord-Afrique, le parc jouit d'une

Les marais du Marquenterre attirent chaque année un grand nombre d'oiseaux migrateurs.

position privilégiée pour accueillir les oiseaux. En outre, entre les dunes, les polders et les marais, les nids douillets se font nombreux ! En 1968, il obtient des autorités locales et nationales le droit de constituer une réserve ornithologique interdite à la chasse sur plus de 5 kilomètres de côtes. Il partage alors son domaine : une partie pour la réserve de protection des oiseaux et une autre dévolue à des activités agricoles et à l'élevage de Henson, toute nouvelle race de chevaux.

L'avocette et son bec recourbé. (©CDT-Somme)

Couple de cigognes.
La cigogne est fidèle à son domicile. Chaque année, lorsqu'elle revient de son long voyage, elle retrouve le nid qu'elle avait construit l'année précédente.

Royaume des oiseaux

Créé officiellement en 1973, le parc ornithologique du Marquenterre accueille plus de trois cent soixante espèces d'oiseaux différentes. « C'est autant qu'en Camargue pourtant quinze fois plus grande », plaisantent les ornithologues présents sur le site. Munis de leurs jumelles, les spécialistes arpentent constamment le parc pour observer le comportement de leurs

Les oies sont également très présentes au parc du Marquenterre.

protégés et aiguiller les visiteurs. Classé réserve naturelle depuis 1994 avec le nord de la baie de Somme, le parc du Marquenterre se situe à mi-chemin entre les pays d'Europe du Nord où nichent les oiseaux et ceux de l'Europe du Sud où ils préfèrent passer l'hiver. Havre de paix propice à la reproduction et aux repos des grands migrateurs, il accueille une foule d'oiseaux « long-courriers », mais aussi des espèces qui ont choisi d'y établir leur petit nid douillet pour de bon. Dès l'entrée du parc, un parcours emmène les visiteurs à la rencontre de ces joyeux personnages. Très vite, un point de vue permet d'embrasser en un coup d'œil l'extrême diversité du site : on identifie les oiseaux vivant en semi-liberté pêchant dans les étangs puis, avec des jumelles (indispensables, pensez-y !), d'autres espèces en train de nicher paisiblement. Au total, douze postes d'observation répartis sur trois circuits permettent de se familiariser avec les espèces présentes dans l'estuaire. Tout au long des parcours, des panneaux didactiques aident à la reconnaissance et délivrent de précieuses informations pour comprendre leur comportement. L'oie cendrée, l'aigrette garzette, le héron, la cigogne blanche, le tadorne… chaque espèce possède ses petites habitudes sur le site. Pour mieux comprendre leur mode de vie et leur déplacement, l'idéal est de réaliser la visite du parc à différentes saisons. Au printemps, par exemple, les oiseaux qui remontent vers le nord s'arrêtent en baie de Somme. C'est alors la pleine saison des parades nuptiales où chacun revêt son plus beau plumage et s'adonne à des danses surprenantes pour défendre son territoire. Personnellement, j'aime beaucoup venir en automne, période de va-et-vient

Le printemps, période de reproduction, donne à voir de nombreuses naissances.

La baie de Somme se situe sur le parcours de migration de la spatule, magnifique échassier.
© N. Herrmann Destination Baie de Somme

incessant des petits migrateurs (pinsons, alouettes, coucous gris). On peut les voir survoler le parc des heures durant ! La curiosité du parc, c'est aussi la héronnière. Une colonie de hérons s'est implantée naturellement sur le site il y a maintenant trente ans. De mars à juin, on peut observer cette joyeuse famille, mais également de magnifiques spatules blanches, espèces protégées, avant que tout ce beau monde ne s'envole vers d'autres horizons jusqu'au printemps suivant.

Les oiseaux apprécient les nombreuses zones d'eau du Marquenterre, pour le plus grand bonheur des visiteurs.

Ci-dessous, de gauche à droite **L'avocette, oiseau emblématique de la baie de Somme.** © N. Herrmann

La foulque macroule, reconnaissable à sa tache blanche.

Quels oiseaux peut-on voir ?

Trois cent soixante espèces ! C'est ce que l'on appelle une grande famille. Impossible pour moi donc de toutes les citer, mais quelques espèces sont devenues avec le temps de véritables emblèmes pour la baie de Somme. L'avocette par exemple, avec son bec courbé vers le haut, est souvent présentée comme l'« oiseau de la baie ». Elle a même donné son nom à une baguette de pain traditionnelle ! Ce limicole à longues pattes et au plumage blanc et noir apprécie les zones de marais salants et les étangs peu profonds. Si vous avez l'occasion d'en apercevoir une au bout de vos jumelles, faites durer le plaisir, vous comprendrez pourquoi, elle s'appelle avocette élégante. Les limicoles se nourrissent essentiellement dans la vase comme

L'aigrette garzette.
© N. Herrmann Destination Baie de Somme

l'huîtrier pie, facile à observer car il vit généralement en groupe. On le reconnaît à son plumage noir et blanc et ses yeux rouges ! Un peu plus grands que les limicoles, les échassiers font également la réputation de la baie de Somme. Le héron cendré apprécie l'estuaire et étonne quand il pêche avec son bec en forme de poignard. Les cigognes noires et blanches, plus difficiles à observer, fréquentent les pâtures rases. L'aigrette garzette reste l'une de mes favorites avec son plumage d'un blanc immaculé, son long cou et sa jolie crête sur la tête. Quelle élégance ! Et surtout quel style ! L'aigrette garzette fait partie de ces oiseaux qui peuvent attendre de longues minutes pour saisir leur proie. Plutôt que de plonger la tête dans l'eau, dame aigrette préfère pêcher à la surface... Autour des étangs, canards plongeurs et canards de surface se comptent par centaines, voire par milliers. Les canards colverts et autres foulques peuplent la baie toute l'année. Mention spéciale pour le tadorne de Belon, le plus grand des canards, reconnaissable à son bec et ses pattes rouge vif. Pour savoir si vous avez à faire à monsieur tadorne ou madame tadorne, il suffit de regarder son bec. S'il comporte une protubérance à la base, vous avez affaire à monsieur, madame se contentant de plumes pâles à la racine du bec... Dans la famille des canards, vous avez aussi les toutes petites tailles comme la sarcelle d'hiver qui niche pendant la période hivernale dans les prés salés. Le mâle et la femelle sont eux aussi très différents, monsieur abordant un visage orangé avec une superbe tache verte, madame, plus discrète, se contente d'un plumage uniforme brun-gris moucheté. Enfin, il y a tous les petits migrateurs qui nous enchantent en survolant la baie. Octobre est le meilleur mois pour les observer. Coucous gris, hirondelles, bergeronnettes grises, pinsons, alouettes se donnent en spectacle dans les airs. Un spectacle tout simplement grandiose.

Le henson reconnu en 2003 par les Haras nationaux.

Henson, le cheval « made in baie de Somme »

L'autre curiosité du parc, ce sont aussi ces petits chevaux rustiques que l'on pourrait confondre avec l'Haflinger. Issu d'un croisement entre le Fjord et le cheval de selle (ou l'anglo-arabe), le Henson se révèle gentil, sociable et particulièrement pratique pour randonner en baie de Somme. Cette race n'existait pas il y a quarante ans. Une fois encore, il a fallu beaucoup de passion pour que ce petit cheval en or devienne littéralement le chouchou

Docile et bon marcheur, le henson se révèle idéal pour les balades équestres en baie de Somme.

de la baie. Nous sommes au milieu des années 1970, Lionel et Marc Berquin, deux frères passionnés de chevaux, membres de l'Association des cavaliers de la baie de Somme, recherchent un cheval adapté à l'équitation d'extérieur et aux terres humides de la baie de Somme. Ils ont connaissance d'un croisement entre un Fjord et un étalon anglo-arabe. Surpris par les aptitudes de ce petit cheval, ils se lancent dans l'aventure de l'élevage. En croisant le Fjord et le cheval de selle (ou l'anglo-arabe), ils associent la rusticité et le bon équilibre du poney aux qualités et au tempérament plus fougueux du cheval de selle. En 1989, les Cavaliers de la baie de Somme s'installent sur le Domaine du Marquenterre, terre promise de la famille Jeanson. Au sein de ses immenses espaces de pâturage, l'association peut développer son élevage et commence petit à petit à faire connaître ce petit cheval aux visiteurs en proposant des balades équestres. Sa robe dorée agrémentée de crins bicolores et d'une raie de mulet le rend facilement reconnaissable. Reconnue en 2003 par les haras nationaux, cette nouvelle race est devenue en quelques années seulement l'emblème du Marquenterre et de la baie de Somme. Une centaine de Henson pâturent le Domaine du Marquenterre. Aujourd'hui, ce petit cheval docile et particulièrement robuste entretient tous les sites naturels de la baie et de la côte picarde. De Saint-Quentin-en-Tourmont au Hâble d'Ault, au sud de la côte picarde, on le voit partout !

La Transhenson, cavalcade sauvage

Chaque année, le début du mois de novembre est synonyme de grande transhumance des chevaux Henson dans le parc du Marquenterre. Près de deux cents cavaliers ramènent par la plage, les dunes et les bois la centaine de chevaux Henson élevés en liberté vers la ferme du domaine où de nombreuses animations sont données. Le spectacle, digne d'un western, est époustouflant. L'idéal pour observer la transhumance est de se placer sur la butte qui longe le polder principal du parc. L'envol des oiseaux signale l'arrivée des premiers troupeaux. Un camaïeu de beige et de brun sur fond de couleurs pastel se dessine alors peu à peu avant l'incroyable cavalcade.

Le Domaine du Marquenterre propose des balades équestres en baie de Somme, pour les cavaliers avertis comme pour les novices.

Ci-dessus, de gauche à droite
Les villas Dodica et Rodica à Fort-Mahon.

Etonnante demeure dans le centre de Fort-Mahon.

Quend et Fort-Mahon, entre dunes et longues plages de sable fin

C'est à la fin du XIXe siècle que naissent ces deux stations en bordure du Marquenterre. En 1886, alors que la vogue des bains de mer s'est répandue sur tout le littoral picard, deux négociants calaisiens rachètent les terres du hameau de Fort-Mahon, créé un siècle plus tôt dans une enclave de Quend. Ils y bâtissent un lotissement aux coquettes villas ainsi qu'un chemin de pierre pour donner un accès à la mer, convaincus que la magnifique plage de sable fin qui borde le hameau attirera les élégantes. Quelques années plus tard, devant le succès de la station, des pins sont plantés au sud pour abriter les nouvelles villas de Quend. Quend-Plage-les-Pins est né. Un tramway reliera les deux stations et se greffera à la nouvelle ligne de chemin de fer Paris-Boulogne. Situés sur la voie des bains de mer, Quend-Plage et Fort-Mahon-Plage ne cesseront de se développer jusqu'à ce que la Seconde Guerre mondiale stoppe brutalement leur développement. L'armée allemande occupe Fort-Mahon et détruit un grand nombre d'édifices. La station balnéaire, proche de la mer, devient une cible privilégiée. La totalité des villas du front de mer sont dynamitées et, dans le centre, un grand nombre d'habitations sont vidées de

Les dunes de Fort-Mahon sont parcourues par un sentier pédestre de randonnée.

Fort-Mahon propose également de nombreuses activités de sports à voile.

leurs matériaux en bois. Planchers, fenêtres et portes sont démontés pour être réutilisés par l'armée. Quend-Plage subit le même sort.

L'architecture balnéaire a fait place à la reconstruction, Quend-Plage et Fort-Mahon joueront d'autres atouts. S'il y a une chose qu'on ne peut leur ôter, ce sont ces longues étendues de sable et de dunes qui font le bonheur des amateurs de chars à voile, speed-sail et autres sports utilisant la force du vent. Populaires et accueillantes, les deux stations accueillent désormais les familles et les amoureux de grands espaces. Les habitués aiment se retrouver dans une brasserie ou un petit café de la longue rue rectiligne qui mène à la plage de Fort-Mahon. Ici pas de grandes demeures extravagantes mais des plaisirs simples. Quel bonheur en effet de crapahuter sur la dune du Royon qui relie les deux stations. Du front de mer de Fort-Mahon, un sentier balisé permet de découvrir un milieu dunaire extrêmement riche. L'oyat semble s'y plaire particulièrement. Sans lui, la dune envahirait sans doute les stations. Véritable stabilisateur des dunes, l'oyat tisse une toile de racines à plus de 2 mètres de profondeur.

Longue avenue commerçante de Fort-Mahon.

Plage de Fort-Mahon.

Mais, après le virage, un tout autre décor s'offre aux promeneurs. Des étendues de mousse tapissent le sol. Là se développent de jolies plantes grasses comme l'orpin âcre et ses fleurs jaunes ou encore le bec-de-grue qui n'est pas sans rappeler le géranium et dont les feuilles constituent un festin pour les herbivores... L'argousier signale encore un autre type de dune : la dune arbustive appréciée des lapins et autres petits mammifères. Plus vous vous éloignez du rivage, plus la nature s'intensifie et se diversifie. De petits marais parsemés de crapauds et de grenouilles mènent à la pinède plantée au début du XXe siècle. Passereaux, écureuils et même chevreuils y ont installé leur gîte et leur couvert. Quend-Plage se dévoile timidement. En arrivant au cœur de la commune, prenez la direction de la plage. Là vous pourrez observer la spécialité de Quend : la mytiliculture ! Plus de 100 000 bouchots sont plantés entre Quend et Saint-Quentin-en-Tourmont. Ces pieux de chêne de 7 mètres de haut forment d'immenses parcs à moules que l'on peut visiter via les associations locales. Postez-vous à marée basse sur la plage, le spectacle vaut le détour. Quand la mer s'est retirée sur des kilomètres, les tracteurs filent tout droit vers les pieux et reviennent chargés du précieux trésor. Les restaurants de Quend et de Fort-Mahon ont fait de la moule de bouchot leur produit phare. Elle se cuisine à toutes les sauces mais surtout au poireau et au vin blanc sec, spécialité de la baie !

Les moules de bouchot, produit phare de Quend.

L'abbaye de Valloires à Argoules

A 25 kilomètres de Quend et Fort-Mahon, l'abbaye de Valloires mérite le détour pour plusieurs raisons. D'abord, parce qu'il s'agit d'un des derniers témoignages de la présence de nombreuses abbayes dans la région accessibles au public. Ensuite, parce qu'à sa manière, elle rend hommage à la baie de Somme. Seule abbaye cistercienne des XIIe et XVIIIe siècles complète en France, elle dévoile au public son cloître, sa salle capitulaire ornée de magnifiques voûtes et ses salons aux décors Louis XV. Renseignez-vous bien sur les horaires de visite car l'abbaye, aujourd'hui privée, accueille une Maison d'Enfants à caractère social et une résidence pour personnes âgées. En saison, ses jardins, dessinés par Gilles Clément, laissent s'épanouir plus de cinq mille espèces de plantes et d'arbustes, typiques de la baie d'Authie et de la baie de Somme. Ludovic Dupont, chef du restaurant La Table du Jardinier qui donne sur le parc, cueille chaque jour les fleurs du jardin, pour préparer des recettes plus étonnantes les unes que les autres.

Jardins de l'abbaye de Valloires.

Informations culturelles et pratiques de la baie de Somme

Le calendrier des festivités

Janvier-Février

• Grand prix de chars à voile du Marquenterre à Fort-Mahon
Début janvier, la station de Fort-Mahon organise une compétition nationale de chars à voile.
Les Voiles du Marquenterre, Fort-Mahon
Tél. : 03 22 29 91 20

Mars-Avril

• La coquillade de Cayeux
Lors de la traditionnelle coquillade de Cayeux (début mars), la coquille Saint-Jacques est à l'honneur. Journée festive rythmée par des dégustations de coquilles Saint-Jacques et des chants marins.
Tél. : 03 22 26 71 27

• Rencontres internationales de cerfs-volants
Au début du printemps à Berck-sur-Mer, à quelques pas de Fort-Mahon et du parc du Marquenterre.

• Le printemps des peintres à Abbeville
Chaque année, l'office de tourisme d'Abbeville présente au printemps, en avril, l'exposition « Le printemps des peintres ». Les peintres de la région sont à l'honneur.
Office de tourisme
1 place de l'Amiral-Courbet
à Abbeville
Tél. : 03 22 24 27 92

• Festival de l'oiseau et de la nature
La troisième semaine d'avril, sorties, conférences et manifestations sur le thème de la nature et des oiseaux, partout en baie de Somme.
Tél. : 03 22 24 02 02
www.festival-oiseau-nature.com

Mai-Juin

• Semaine zéro carbone en baie de Somme
Durant la première quinzaine de mai, l'association Baie de Somme Zéro Carbone organise la Semaine « zéro carbone ». Hébergeurs, restaurateurs, producteurs, agriculteurs, prestataires d'activités sportives et culturelles limitent leur impact sur l'environnement.
www.baiedesomme-zerocarbone.org

• Fête du nautisme
Pendant deux jours à la mi-mai, clubs, associations sportives et bases nautiques proposent des animations pour célébrer l'eau.
www.fetedunautisme.com

• Fête de la nature
Une fête nationale reprise dans la Somme à travers une multitude d'activités et de promenades proposées aux visiteurs. Cinq jours d'animations gratuites en mai.

• La Transbaie
Course à pied dans la baie de Somme. Plus de cinq mille participants ! La date dépend du coefficient de marée.
www.transbaie.com

• Catanonic
Début juin, Fort-Mahon organise une course de voile mythique. Les catamarans, au coude à coude, offrent un spectacle inédit.
Association EVEILS
Centre nautique
Boulevard Maritime Nord
80120 Fort-Mahon-Plage
Tél. : 03 22 23 33 64

• La Journée des peintres dans la rue à Saint-Valery-sur-Somme
Chaque premier week-end de juin, les peintres s'installent dans les rues de Saint-Valery.
Tél. : 03 22 60 93 50

• Festival de jazz à Ault
Traditionnellement en juin. Initiations, stages de chant, concerts.
Office de tourisme d'Ault
Tél. : 03 22 60 57 15

• La Semaine des jardins dans la Somme
Une dizaine de jardins insolites ouvrent leurs portes pendant une semaine à la mi-juin.
www.parcsetjardinsdelasomme.com

• Festival de théâtre de Saint-Valery-sur-Somme
Vingt représentations dans la cour du Castel et dans les ruelles typiques de la ville. Fin juin, quatre jours et quatre nuits.
www.festival-saint-valery.fr

Juillet-Août

• Les nocturnes valéricaines à Saint-Valery-sur-Somme
Tous les vendredis soir pendant l'été, Saint-Valery-sur-Somme vit au rythme de son marché de terroir.
Tél. : 03 22 60 93 50

• Les fêtes Guillaume
Chaque année le premier week-end de juillet, Saint-Valery-sur-Somme renoue avec son passé et redevient la cité de Guillaume le Conquérant.
Tél. : 03 22 60 93 50

• Festival en baie de Somme
Pendant l'été, Saint-Valery-sur-Somme devient le théâtre, chaque samedi soir, de concerts et spectacles gratuits en plein air.
Place des Pilotes
à Saint-Valery-sur-Somme
Tél. : 03 22 60 93 50

• Festival de Saint-Riquier
Concerts de musique classique dans le site prestigieux de l'abbaye de Saint-Riquier. Début juillet.
Tél. : 03 22 71 82 20

• Fête de la mer à Cayeux-sur-Mer
Cayeux-sur-Mer fête la mer à la mi-juillet. Messe, procession en musique, bénédiction de la mer, etc.
Tél. : 03 22 26 61 15

• Fêtes de la mer du 15 août
Un peu partout en baie de Somme, généralement aux alentours du 15 août.

Septembre-Octobre

• La Transhenson
Fête du cheval Henson.
Tous les ans, la transhumance des chevaux Henson réunit plus de 250 cavaliers.
Les derniers jours du mois d'octobre.
Saint-Quentin-en-Tourmont
Tél. : 03 22 25 68 64

Novembre-Décembre

• Fête du hareng de Cayeux-sur-Mer
Fête typique autour du hareng, répandu en baie de Somme.
Nombreuses animations.
A la mi-novembre.
www.ot-cayeuxsurmer.fr

• Les trains du Père Noël en baie
Le Chemin de fer de la baie de Somme organise les trains du père Noël avec les villes de Saint-Valery-sur-Somme et du Crotoy. Le train circule jusque Noyelles avec un invité de marque : le Père Noël.
Tél. : 03 22 26 96 96

Les associations pour découvrir la baie

• Le Centre permanent d'initiatives pour l'environnement
Des visites guidées et balades nature toute l'année en baie de Somme et dans tout le département.
32 route d'Amiens
80480 Dury
Tél. : 03 22 33 24 27

• Le Conservatoire d'espaces naturels de Picardie
Des sorties nature dans tous les sites naturels gérés par le conservatoire. Dans la Somme : la réserve naturelle Saint-Ladre près d'Amiens, les larris de Frise et Eclusier-Vaux en Haute-Somme, Samara, Bourdon, Hangest...
1 place Ginkgo, Village Oasis
80044 Amiens
Tél. : 03 22 89 63 96

• Le Chemin de fer de la baie de Somme
Pour parcourir la baie dans un train Belle Epoque sur l'ancien réseau des bains de mer. Gares à Saint-Valery-sur-Somme, Noyelles-sur-Mer, Le Crotoy et Cayeux-sur-Mer.
Tél. : 03 22 26 96 96
www.cfbs.eu

• Eolia Marquenterre
Des initiations aux sports à voile, mais aussi des propositions de balades nature en baie de Somme et en baie d'Authie.
Base nautique de Fort-Mahon
Boulevard Maritime Nord
80120 Fort-Mahon-Plage
Tél. : 03 22 23 42 60
www.eolia.info

• Rando-Nature en baie de Somme
Pour partir en baie avec un guide. De nombreuses thématiques abordées.
Siège de l'association à la mairie de Saint-Valery-sur-Somme
Tél. : 03 22 26 92 30
www.randonature-baiedesomme.com

• Noshoes
Location de canoës, vélos.
Activités proposées : kayak de mer, vélo de plage, balades pédestres thématiques, beach volley, balades à vélo accompagnées.
63 quai Blavet
80230 Saint-Valery-sur-Somme
Tél. : 03 22 30 22 81
www.noshoes.fr

• Picardie Nature
Association régionale de protection de la nature et de l'environnement. L'incontournable pour découvrir la richesse floristique et faunistique de la baie. Picardie Nature propose également des sorties en baie à la découverte des phoques.
1 rue Croÿ
BP 70010
80097 Amiens Cedex 3
Tél. : 03 62 72 22 50
www.picardie-nature.org

• Renêtre
L'association propose des sorties en baies de Somme et d'Authie axées sur la cueillette des plantes comestibles.
Site web :
www.renetre.com

Site web

http://www.somme-nature.com
Des bons plans pour parcourir la baie (mais aussi tous les sites naturels du département), des idées week-end, les horaires des marées, etc.

Quelques lieux à visiter

Abbeville

• La collégiale Saint-Vulfran
Un chef-d'œuvre d'art gothique
Parvis Saint-Vulfran
Tél. : 03 22 24 27 92

• L'église Saint-Sépulcre
Avec ses vitraux signés Manessier.
Place du Saint-Sépulcre
Tél. : 03 22 24 27 92

• Le beffroi
L'un des plus anciens de France.
24 rue Gontier-Patin
Tél. : 03 22 24 08 49

• Le musée Boucher-de-Perthes
Installé dans le beffroi.
24 rue Gontier-Patin
Tél. : 03 22 24 08 49

• Le parc de la Bouvaque
Sur 50 hectares, une zone de marais et d'étangs à quelques pas du centre-ville.
Boulevard de la République.

• Le jardin d'Emonville
Un magnifique parc paysager avec quelques essences rares d'arbres.
26 place Clemenceau.

• La Capucine
Une maison du XVIe siècle transformée en chambre d'hôtes.
29 rue des Capucins
Tél. : 03 22 24 31 99

• Le château de Bagatelle
133 route de Paris
Tél. : 06 08 05 96 83

Argoules

• Les Jardins de Valloires
Jardins botaniques et paysagers dans l'enceinte d'une ancienne abbaye.
Tél. : 03 22 23 53 55
www.jardinsdevalloires.com
Ouvert sur le parc, La Table du Jardinier est un restaurant qui propose des recettes avec les fleurs des jardins
Tél. : 03 22 23 53 55

• L'abbaye de Valloires
Tél. : 03 22 29 62 33

Ault

• L'église Saint-Pierre et son beffroi ecclésiastique
Place du Général-de-Gaulle.
Pour les visites, se renseigner à l'office de tourisme.

• Monument aux morts de Paul Landowski
Devant l'église Saint-Pierre.

• Le phare
A 106 mètres au-dessus du niveau de la mer, il ne se visite pas.
Boulevard du Phare sur les hauteurs de la ville.

• La chapelle Notre-Dame d'Onival
Ouverte tous les jours en été jusqu'aux Journées du patrimoine.
Rue Léveillé.

• Le moulin de pierre
Construit en 1623, il est le dernier moulin d'Ault.
Il est transformé en maison de villégiature.
Rue du Moulin.

• Table d'orientation
Rue de Saint-Valery.
Dans le bois de Cise : table d'orientation (au bout de la rue de la Falaise), la chapelle Sainte-Edith.

• Le Hâble d'Ault
Plus de 250 espèces d'oiseaux.
Pour en savoir plus, SMACOPI
Tél. : 03 22 20 60 30

Cayeux-sur-Mer

• Le Benoît-Champy
Pour découvrir l'histoire de la station de sauvetage.
Ouvert le samedi matin sur rendez-vous.
Boulevard du Général-Sizaire
80410 Cayeux-sur-Mer
Tél. : 03 22 26 61 15

• La chapelle des Marins
Construite en 1860 au moyen de cotisations prélevées par les marins.
Rue du Général-Leclerc.

• L'église Saint-Pierre
Rue du Maréchal-Foch.

• Le phare de Brighton

• Les cabines de plage et le chemin de planches

Fort-Mahon

• Le chemin de la digue
Conduit sur le cours de l'Authie et permet de remonter la rivière jusqu'au pont à Cailloux.

• Le massif dunaire
Un univers exceptionnel.

• Le monument de la Résistance
Statue de bronze représentant un personnage étiré d'un linceul s'élevant les bras tendus en forme de V.
Rue de Quend.

• Le monument aux morts
Construit en mémoire des enfants de la commune tombés pendant la Première Guerre mondiale. Les bas-reliefs représentent les combattants sur le champ de bataille et l'exode des civils.

Lanchères

• La Maison de l'Oiseau
Un lieu pour comprendre la baie de Somme sous tous ses aspects et pour faire connaissance avec les oiseaux qui fréquentent l'estuaire.
RD 204, 80230 Lanchères
Tél. : 03 22 26 93 93

Le Crotoy

• Le port et le quai Courbet
Pour croiser les derniers pêcheurs et acheter du poisson frais dans des poissonneries.

• La plage
Seule plage exposée au sud de tout l'estuaire picard.

• L'église Saint-Pierre
Notamment pour sa tour-façade du XIIIe siècle.
On y découvre un plan ancien du Crotoy.

• La Galerie Didier Van Dorn
11 rue du Général-Leclerc
Tél. : 03 22 27 18 53

• Rue du Château
Quelques bouts de rempart témoignent de la présence d'un château fort au Moyen Age.

• Rue Jules-Verne (n° 9), la « Solitude »
Cette maison a accueilli l'écrivain pendant quelques années.

• Digue Noiret (n° 187), la villa « Belle Plage »
Colette y séjourna à cinq reprises.

• Chambres d'hôtes Les Mouettes blessées
Toulouse-Lautrec fréquenta cette maison.
2, quai Léonard
Tél. : 03 22 19 43 08

• Les Tourelles
Magnifique hôtel du début du XXe siècle, visible où que l'on se situe en baie de Somme grâce à ses tourelles et sa couleur rouge.
2-4 rue Pierre Guerlain
Tél. : 03 22 27 16 33

Le Hourdel

• Le port et son phare

• La route blanche qui part vers Cayeux-sur-Mer

• La chapelle des Marins
Reconstruite en 1960 suite aux destructions de la première chapelle pendant la Seconde Guerre mondiale.
Sur la D 102.

Noyelles-sur-Mer

• La hutte des 400 coups

Dans le marais de Sailly-Bray.
80860 Noyelles-sur-Mer
Tél. 03 22 60 24 24

• Le cimetière chinois

Dans le hameau de Nolette.

Quend-Plage

• L'église de Quend

Restaurée au XVIIe siècle, elle conserve une chapelle du XVe siècle. A voir : sa tour carrée en pierre blanche surmontée d'une tourelle octogonale.

Rue

• Le beffroi

Les soixante-quinze marches mènent à la salle des échevins, à la salle des gardes et au chemin de ronde.
A voir : les graffitis.
Pour les visites, se renseigner à l'office de tourisme.
Tél. : 03 22 25 69 94

• La chapelle du Saint-Esprit

Edifiée entre 1440 et 1514, elle possède de très belles voûtes ornées.
Pour les visites, se renseigner à l'office de tourisme.
Tél. : 03 22 25 69 94

• La chapelle de l'Hospice

Reconstruite au XVIe siècle, elle présente une voûte en carène de bateau renversé.
Pour les visites, se renseigner à l'office de tourisme.
Tél. : 03 22 25 69 94

• Le musée des Frères Caudron

Dans les locaux de l'office de tourisme. L'histoire des deux pionniers de l'aviation. Collection de maquettes, de trophées, de bronzes et de photos.
Tél. : 03 22 25 69 94

Saint-Quentin-en-Tourmont

• Le parc ornithologique du Marquenterre

Dans une réserve naturelle de 220 hectares, plus de trois cents espèces d'oiseaux font escale au parc. Sentiers balisés, panneaux d'information et points d'observation.
Tél. : 03 22 25 68 99

• L'espace équestre Henson

Idéal pour découvrir les différents milieux de la baie. Le cheval Henson se révèle particulièrement docile et propice à la balade.
34 chemin des Garennes
Tél. : 03 22 25 68 64

Saint-Valery-sur-Somme

• Relais Guillaume de Normandy

Hôtel installé dans un manoir 1900.
46 quai de Romerel
Tél. : 03 22 60 82 36

• L'église Saint-Martin

Beau décor en damier, alternance de silex noir et de grès.
Place Saint-Martin

• La porte Jeanne-d'Arc

Vestige militaire du XIe siècle.
Rue Jean-de-Bailleul

• La chapelle des Marins

Petite chapelle fréquentée autrefois par les familles de marins.
Chemin de la Chapelle

• Le quartier des Marins

Rue des Pilotes et rue des Moulins.
Un calvaire au bout de la rue des Bateliers.

• L'écomusée Picarvie

Belle collection d'outils et d'objets picards anciens.
5 quai de Romerel
Tél. : 03 22 26 94 90

• L'Herbarium des remparts

Ancien jardin des religieuses magnifiquement restauré.
36 rue Brandt
Tél. : 03 22 26 69 37

• Balade sur les quais

Pour avoir une vue splendide sur la baie de Somme et sur les villas balnéaires.

Informations touristiques

• Comité régional de tourisme de Picardie
3 rue Vincent-Auriol
80000 Amiens
Tél. : 03 22 22 33 66
http://picardietourisme.com

• Comité départemental de tourisme de la Somme
21 rue Ernest-Cauvin
80000 Amiens
Tél. : 03 22 71 22 71
www.somme-tourisme.com

• Office de tourisme d'Abbeville et de la baie de Somme
1 place de l'Amiral-Courbet
80100 Abbeville
Tél. : 03 22 24 27 92
http://abbeville.baiedesomme-tourisme.fr

• Office de tourisme d'Ault
4 place du Maréchal-Foch
80460 Ault
Tél. : 03 22 60 57 15
www.ot-ault.fr

• Office de tourisme de Cayeux-sur-Mer
2 place Aristide-Briand
80410 Cayeux-sur-Mer
Tél. : 03 22 26 61 15
www.ot-cayeuxsurmer.fr

• Office de tourisme du Crotoy
1 rue Carnot
80550 Le Crotoy
Tél. : 03 22 27 05 25
www.tourisme-crotoy.com

• Office de tourisme de Fort-Mahon-Plage
1000 avenue de la Plage
80790 Fort-Mahon-Plage
Tél. : 03 22 23 36 00
www.fort-mahon-plage.com

• Office de tourisme de Quend-Plage
1 place du 8-Mai
80120 Quend-Plage-les-Pins
Tél. : 03 22 23 32 04
www.office-tourisme-quend-plage.com

• Office de tourisme de Rue
10 place Anatole-Gosselin
80120 Rue
Tél. : 03 22 25 69 94
www.ville-rue.fr

• Office de tourisme de Saint-Valery-sur-Somme
Place Guillaume-le-Conquérant
80230 Saint-Valery-sur-Somme
Tél. : 03 22 60 93 50
www.saint-valery-sur-somme.fr

Table des matières

Remerciements

Je tiens à remercier tous mes proches qui me suivent et me soutiennent au quotidien dans mes périples et dans cette aventure de l'écriture.

Un grand merci à Cyrille avec qui j'ai partagé ce grand voyage. C'est toujours avec émotion que je découvre ses clichés magnifiant cette lumière si particulière de la baie de Somme.

Mes remerciements s'adressent également à Matthieu Biberon, Hervé Chirault et Claire Martel pour la confiance qu'ils m'ont accordée et pour leur accompagnement permanent.

Je profite de cet ouvrage pour remercier Claire Decraene, qui m'a donné l'occasion de découvrir chaque jour sur le terrain les joyaux naturels de la Picardie et du Nord-Pas-de-Calais.

Merci au Comité départemental du tourisme de la Somme et aux offices de tourisme pour leur aide, leurs conseils et leur soutien.

Enfin, j'aimerais tirer un grand coup de chapeau à tous les amoureux de la baie. Je pense aux associations telles que Picardie Nature, No Shoes ou encore Rando Nature en Somme (pardon à toutes celles que je ne peux citer) qui œuvrent au quotidien à la préservation de cette baie, aussi fragile que magnifique.

Editions OUEST-FRANCE
Aix-en-Provence - Lille - Rennes

Éditeur : Hervé Chirault
Coordination éditoriale : Claire Martel, Solenne Lambert
Conception graphique et mise en page : Studio graphique des Éditions Ouest-France
Cartographie : Patrick Mérienne
Photogravure : graph&ti, Cesson-Sévigné (35)
Impression : Pollina, Luçon (85) - L60379

ISBN : 978-2-7373-5705-3
Dépôt légal : avril 2012
N° d'éditeur : 6809.01.3,5.04.12
Imprimé en France
Retrouvez-nous sur www.editionsouestfrance.fr